ALGER L'ÉTÉ

ALGER, — TYPOGRAPHIE BASTIDE,

PLACE DU GOUVERNEMENT.

ALGER L'ÉTÉ

PAR

CHARLES DESPREZ

LE CLIMAT. LA FLANERIE. L'EXPOSITION BAB-AZOUN.
LES DIMANCHES. LES FÊTES. LA CAMPAGNE. LE JARDIN D'ESSAI.
LA MUSIQUE MILITAIRE. LE COLLÉGE ARABE.
LA BIBLIOTHÈQUE.
LES BAINS DE MER. LE JOURNALISME.

TROISIÈME ÉDITION, REVUE ET AUGMENTÉE

ALGER

BASTIDE, LIBRAIRE-ÉDITEUR

PARIS

CHALLAMEL, LIBRAIRE-ÉDIT., COMMISSʳᵉ POUR L'ALGÉRIE
30, Rue des Boulangers

1865

ALGER L'ÉTÉ

———◦⟩⟨◦———

A M. ALEXANDRE DE LAVERGNE

Lorsque le gouvernement de l'Algérie fut détaché du ministère de la guerre, il vous était, on le dit du moins, cher monsieur, très facile d'échanger la belle place que vous occupiez alors si dignement au bureau des affaires arabes, contre une position pareille, ou même plus brillante encore, au chef-lieu de la colonie.

Vous avez reculé, paraît-il, devant le climat. Vous vous êtes figuré cette pauvre cité d'Alger livrée, huit mois sur douze, aux rayons calcinants d'un soleil équatorial, et ses infortunés habitants condamnés à toutes les tribulations qu'engendrent les températures extrêmes.

Abandonnant alors une carrière qui vous semblait comporter des périls et demander une lutte au-dessus de vos forces, vous vous êtes remis tout entier à la composition de ces livres charmants qui vous ont déjà valu tant de brillants et légitimes succès.

N'auriez-vous pas mieux servi néanmoins les lettres et l'État tout ensemble, si, plus exactement renseigné sur les étés du Sahel, vous n'aviez pas cru devoir décliner la charge honorable à laquelle vous appelaient ici vos talents administratifs? La colonie, si bien pourvue qu'elle soit, manque encore de guides sûrs, et la vieille Mauritanie offre au génie du romancier une mine féconde en sujets dramatiques, en types originaux.

Mais quoi de moins irrévocable que les résolutions humaines! Des circonstances imprévues peuvent vous rappeler au timon des affaires arabes. Que ce ne soit plus alors la crainte du climat qui vous arrête. J'habite incontestablement le local le plus chaud d'Alger. Frustré des brises du nord par les hautes maisons qui d'un côté le dominent, avancé comme un cap sur une place torréfiée depuis le matin jusqu'au soir, il ne perd ni un rayon de soleil, ni un reflet de mur, ni un souffle de siroco. Ma constitution, d'autre part, est singulièrement impressionnable. Le moindre excès l'atteint, et les grandes chaleurs ne lui sont pas moins nuisibles que les froids rigoureux. Vous devrez donc me croire d'autant plus, si je vous vante les charmes de l'été d'Alger, que je me suis trouvé plus à même d'en sentir les inconvénients.

I

LE CLIMAT

Et d'abord, permettez-moi de vous le dire, vous ne connaissez l'été que de nom. Les prétendus étés de Paris, ne vous en ont montré que l'ombre ou la charge.

Dressons en effet leur bilan.

Si la neige leur fait la grâce de ne plus tomber au mois de mai, les giboulées, par contre, les harcèlent jusqu'à la fin de juin. Pour eux, même au cœur de juillet, jamais le froid ni la pluie ne désarment. Les jours caniculaires peuvent aussi bien marquer tempête que beau fixe à l'anéroïde, huit degrés que trente à l'échelle thermométrique. Et les tardives fleurs qu'ils ont fait à grand'peine éclore, sont dès octobre flétries par la gelée blanche, si des chaleurs sénégaliennes ne les ont préalablement brûlées en septembre. On les désirait à la Pentecôte, on les regrette à la Toussaint.

Les fruits ne sont guère mieux traités. Ceux qui mûrissent, le font si lentement, que la grêle, l'humidité, la sécheresse, les insectes en appauvrissent toujours la récolte.

Ah ! j'en ai sur le cœur, de vos étés du Nord ! Que de plans renversés, de travaux empêchés, de plaisirs traversés par eux !

Les aubergistes de Barbison m'ont vu, six semaines durant, guetter les chênes de Franchart et les rochers des gorges d'Apremont, sans qu'une échappée de lumière m'ait permis d'en faire l'esquisse.

J'ai parcouru, dans la saison que vous appelez belle, la Normandie, la Bretagne et l'Alsace ; mais les blanches falaises d'Étretat, les vallées pittoresques du Morbihan, les merveilles architecturales du clocher de Strasbourg, ne me sont apparues que voilées par la brume ou noyées dans la pluie.

J'ai grelotté le jour de la Saint-Jean dans mes habits d'hiver ; le lendemain, par suite d'un de ces brusques revirements si communs dans le Nord, j'étouffais en veste d'été.

Je compterais les clairs de lune dont j'ai pu jouir sans mélange.

Je ne me rappelle aucune villégiature des environs de Paris qui ne m'ait valu plus de parties de billard, et de lectures au coin du feu, que de chasses, de pêches et de promenades. Le bal d'Asnières, la fête de Meudon, les grandes eaux de Versailles, ne reviennent à mon souvenir qu'accompagnés d'averses et de boue, que suivis de toilettes perdues et de rhumes inguérissables.

Ecoutez, maintenant, la monographie d'un véritable été, de celui que je viens de passer, beaucoup par fantaisie, un peu par dévouement. Étudier au double point de vue du confort et de l'hygiène, une saison si peu connue du climat africain et contre laquelle tant de préjugés s'élèvent encore, n'est-ce pas une tâche propre à stimuler la curiosité du touriste et le zèle du philanthrope? Ne valait-elle pas qu'on lui sacrifiât quelque bien-être, qu'on encourût pour elle quelques dangers? Mais, récompense aussi prompte que belle, le profit s'est tout d'abord substitué aux sacrifices, la santé à la maladie, et le ravissement aux ennuis consentis par avance.

Avril, qui n'est chez vous qu'une fallacieuse antiphrase, ouvre ici la saison d'été, l'hiver ayant compté comme printemps. La chaleur est déjà de dix-huit degrés, et le nombre des jours de pluie se réduit à cinq environ pour toute la durée du mois. Les orangers, les acacias, les arbres de Judée, les asphodèles, les œillets, les lupins, les iris, joignent leurs fleurs à celles qui, comme la violette, la rose, la cassie, le plombago, le géranium, n'ont un seul jour, même en décembre, cessé d'embaumer la campagne. Les amandes, les petits pois, les artichauts, les asperges abondent. Les hirondelles arrivent. On sort les chaises. On musèle les chiens.

Le joli mois de mai, ce rêve malheureux des poëtes septentrionaux, n'est point à Alger une fiction. Il y fleurit en vile prose, aussi resplendissant que dans vos plus beaux vers. Le lis, le chèvrefeuille, le laurier rose, le jasmin, s'épanouissent sur les murs, dans les haies, au bord des ruisseaux. Les abricots, les prunes, les figues, les cerises sont en pleine maturité. L'air moins cru baigne l'horizon de vapeurs bleuâtres. Tout semble concourir pour enchanter l'esprit, pour enivrer les sens.

La plupart des hiverneurs ont l'habitude de retourner chez eux à la fin d'avril. Grande faute, double inconvénient. Ils se privent de la meilleure saison des pays chauds, et se condamnent à la pire des climats tempérés, neutralisant ainsi les bons effets du voyage.

Juin continue les délices de mai. Le thermomètre oscille entre vingt et vingt-cinq degrés. Menace-t-il de monter plus haut? quelques instants de pluie calment son ardeur. Malgré l'élévation et la puissance du soleil, la terre conserve encore assez d'humidité pour fournir aux fraîcheurs du soir.

La campagne est dans tout son éclat. Au feuillage rare et foncé des arbres du midi se joignent les ten-

dres verdures et les rameaux luxuriants des essences
du nord. Les clématites, les lianes, parure de l'hiver,
commencent à se dessécher, mais leurs gracieux festons
se colorent en même temps des plus riches tons du
carmin, du citron et de l'amarante. Les raquettes du
cactus se couronnent de fleurs jaunes, les turions
d'aloès s'élancent comme des futaies du redoutable
faisceau de leurs lances. Les grenadiers attachent au
bord du chemin leurs bijoux de corail. L'azédarach,
dont les feuilles d'un vert luisant se ramassent en
forme de grappes, mêle aux grappes dorées de ses
baies les grappes lilas de ses fleurs. Derniers et éphémères présents de vos automnes, les chrysanthèmes,
les dahlias s'épanouissent, mais avec un avenir de
quatre mois de floraison. La tubéreuse, plante rare,
impossible chez vous, rustique, généreuse ici, donne
de longs rameaux dont le parfum indéfinissable semble une concentration des arômes les plus exquis de
l'oranger, du lis, du jasmin et du datura.

Le grand travail de la nature finit en juillet. Toutes
les promesses se réalisent, alors que par toute l'Europe il leur faut encore compter avec des semaines
d'intempéries. La moisson est faite depuis longtemps.
On cueille le raisin, les pêches, les melons et les
figues de Barbarie. Quant aux pommes, aux poires,
aux bananes, aux oranges, il serait assez difficile de
préciser l'époque de leur maturité. On en mange sans
interruption.

Rien de savoureux comme l'orange au mois de juillet. En connaissent seuls le mérite ceux qui vivent

aux lieux de sa production, car l'excès de maturité la rend alors intransportable.

La grenade n'est, à Paris, qu'un objet de curiosité. Nos indigènes lui font plus d'honneur. S'il faut en croire un médecin arabe dont je vous recommande le nom quand vous serez parrain, Djellal-ed-Din-Abou-el-Oualid-Abd-er-Rhaman-Mohammed-es-Soïouti, le Prophète a dit : « Dans chaque grenade, il y a un grain qui vient du paradis et possède la vertu de guérir tous les maux. Celui qui veut profiter de ce grain doit, pour être sûr de ne pas le perdre, manger exactement tous ceux que contient le fruit. »

Les pluies ont définitivement cessé. Une goutte d'eau serait un phénomène. Les statistiques ne signalent rien de tel depuis des années. Les cieux, suivant la belle expression de Racine, semblent fermés et devenus d'airain. Le soleil, à midi, darde presque d'aplomb. Néanmoins, la température se maintient à des niveaux très supportables. La moyenne en est de vingt-six degrés. J'ai vu des soirées assez fraîches pour qu'on éprouvât le besoin de reprendre ses vêtements de laine. Et cependant, curieuse anomalie, tandis qu'à Paris dont la latitude est si favorisée déjà, le thermomètre tombe parfois à dix degrés, certaines villes moins rapprochées qu'Alger des tropiques, subissent des chaleurs de trente-deux à trente-cinq degrés.

La science, du reste, a déjà constaté la supériorité de ce pays dans les saisons extrêmes. La différence entre l'hiver et l'été y est moindre que partout ailleurs. Ainsi Malte, Pau, Nice, Rome, Barcelone, Livourne, Palma, Malaga, Madère, dont les hivers sont plus froids que ceux d'Alger, ont aussi des étés plus chauds.

L'air du Sahel doit à sa sécheresse une salubrité que ne saurait offrir, à égalité et même à infériorité de température, une atmosphère humide. J'ai, par exemple, beaucoup plus difficilement supporté, il y a cinq ans, l'été de Palerme que, cette année, celui d'Alger.

Si l'on devait se plaindre ici de la chaleur, ce serait au mois d'août seulement; mais où ne s'en plaint-on pas alors? Ni Paris, ni Saint-Pétersbourg, ni même Haparanda ne font exception à la règle. La colonne thermométrique s'établit fixement au-dessus de vingt-cinq degrés, sauf les jours, fort rares encore, où règne le vent du désert. D'ailleurs, on a régulièrement, depuis midi jusqu'à six heures du soir, la brise de mer qui produit l'effet d'un immense éventail et neutralise les trois quarts de la chaleur.

Je l'ai nommé, ce vent terrible; il faut donc bien que, narrateur consciencieux, je vous en dise quelque chose.

C'était pendant l'été de 1860, peu de jours après mon débarquement. Je feuilletais un livre au cercle où la recommandation d'un ami m'avait fait recevoir avec le titre de membre étranger.

Le jour, d'abord suffisant, malgré qu'on eût tout fermé suivant l'usage rationnel adopté dans les pays chauds, baissa peu à peu, et tomba même au point d'interrompre ma lecture.

Je me levai pour ouvrir les persiennes ; mais à peine eus-je entre-bâillé la fenêtre, que je me sentis repoussé comme par les flammes d'un vaste incendie.

— Le siroco !... fit un membre.

Vous êtes, sans doute, déjà passé devant la bouche d'un four ou le brasier d'une locomotive. Le siroco produit exactement la même sensation.

Je descendis néanmoins pour étudier dehors un phénomène si nouveau pour moi. Mais loin d'en souffrir, je m'en amusai presque. On le sait, en effet : le vent du Sahara qui fatigue et énerve les gens du pays, stimule au contraire et ragaillardit les nouveaux venus.

Et l'on médirait d'un pareil climat ! Poli jusque dans ses boutades, hospitalier jusque dans ses rigueurs !

L'air était chargé d'une poussière épaisse et tellement impalpable qu'on l'eût prise pour du brouillard, si les dépôts blanchâtres qu'elle laissait partout ne fussent venus détruire cette conjecture.

Les rayons du soleil, engagés dans ce milieu compact, y formaient une auréole immense dont l'éclat rutilant blessait les yeux.

La mer, d'un gris fauve, mêlait ses vagues furieuses aux pesantes vapeurs d'un horizon terne et borné.

On n'apercevait plus, des collines onduleuses du Sahel et des verts sommets de Mustapha, qu'une silhouette vague et décolorée. Quant à l'Atlas aux pentes d'azur, il était tout entier comme noyé dans un bain de cendre.

L'invasion du fléau s'étant faite à l'improviste et ne remontant guère à plus d'une heure, les passages, les couloirs, les galeries, les voûtes, si nombreuses à Alger, avaient conservé leur température du matin. Mais dans les rues larges, sur les places et notamment au long des quais, la chaleur était stupéfiante.

Elle dépassait sensiblement celle du corps humain. On fourrait les mains dans ses poches, on relevait le col de son habit pour avoir frais. Les Arabes, dont le costume est si bien approprié au climat, s'enveloppaient dans leurs burnous comme en hiver.

Les feuilles des arbres se fanaient à vue d'œil; il semblait même qu'on les entendît rôtir et crépiter.

A des minutes d'un calme lourd et suffocant succédaient les rafales d'un vent lancinant.

Des nuages ou plutôt des bancs de sable volant éclipsèrent bientôt le disque déjà fort obscurci du soleil; et les différentes nuances de jaune, de citron, d'orange et de safran sous lesquelles apparaissaient vaguement les objets, suivant leur distance ou leur coloris, se fondirent en un seul ton cuivré, plombé, mixte, indéfinissable.

Au moment où je me disposais à rentrer chez moi, mon attention fut attirée par un groupe de gens ébahis qui regardaient avec de grands yeux quelque chose d'accroché à la muraille.

Je m'avance pour connaître l'objet de leur étonnement. C'était un de ces thermomètres monumentaux dont les opticiens aiment à parer la devanture

de leur boutique. Il marquait quarante-et-un degrés !
A l'ombre, bien entendu ; car au soleil il n'en eût pas
donné moins de cinquante.

L'industriel, averti par nos exclamations, des équi-
pées de son instrument, accourut pour le retirer. Qui
sait ! Peut-être craignait-il qu'il n'éclatât dehors.

Je monte ; j'étais à peine au tiers de l'escalier, que
le maître d'hôtel s'élance à ma rencontre comme quel-
qu'un qui porte une grande nouvelle.

— Voilà, dit-il, trente ans que j'habite ce pays, je
n'ai encore rien vu de semblable.

Bien que les domestiques eussent pris soin de fer-
mer les persiennes et les fenêtres de ma chambre, le
siroco ne l'avait pas non plus épargnée. Une épaisse
couche de poussière, aussi ténue que le pollen des
lis, couvrait uniformément les meubles et s'était fixée
d'une manière si tenace à quelques feuilles de papier
restées sur le bureau, qu'il me fut impossible d'en
faire usage. La mine de plomb s'écrasait dessus, et la
plume de fer n'y produisait qu'un griffonnage pâ-
teux.

La couverture de mes livres et le carton de mes
albums s'étaient en outre recroquevillés comme s'ils
fussent demeurés tout un jour devant le feu. Un an-
nuaire de l'Algérie que je me rappelle parfaitement
avoir fermé la veille, bâillait à se rompre le dos. Une
brochure dont j'avais le matin même coupé soigneu-
sement les pages, se roulait en des contorsions étranges. Il semblait qu'elle eût défrayé, trois mois durant,
le public peu soigneux d'un cabinet de lecture.

Le vent continua toute la soirée. Il n'empêcha pas cependant la musique. Intrépides sont nos soldats, qu'ils manient la baïonnette ou qu'ils embouchent le trombonne.

Assis devant l'orchestre, en compagnie de plusieurs officiers, je m'étais rapproché de l'un d'eux pour causer. Insensiblement, au beau milieu de nos histoires, je me sentis échauder la main. Je crus d'abord avoir été touché par le bout allumé d'une cigarette; erreur bien permise en ce siècle tabagique. Mais non; c'était l'épée du voisin dont la garde brûlait comme un fer à repasser.

Tous les métaux, du reste, en leur qualité de corps conducteurs, offraient la même singularité. Mon lorgnon me grillait le nez, et je n'étais pas sans crainte pour le mouvement de ma montre dont la chaleur traversait les doublures de mon gousset.

Le marbre et la pierre, également conducteurs, étaient devenus presque dangereux, et les habitués de la balustrade qui sert de parapet à la place évitaient de s'y asseoir.

A mesure que la nuit tombait, l'horizon s'enflammait de lueurs effrayantes. On les attribuait généralement à des feux de chaumes ou de broussailles allumés dans la plaine par les cultivateurs; mais les alarmistes y voyaient des incendies de moissons causés par la chaleur seule!

Le vent tourna pendant la nuit, et le lendemain il ne restait plus du phénomène que le souvenir. Je ne sache pas, en effet, que l'on meure du siroco. Pourriez-vous en dire autant des froids de quinze à vingt degrés qui frappent certains de vos hivers ? Et puis, des soirées de ce calibre, il ne s'en voit, au pis aller, que tous les trente ans ; une ou deux dans la vie.

Je me figurais naguère comme vous, cher monsieur, que la végétation devait d'autant plus vite se flétrir qu'elle s'était plus tôt prodiguée. Me voici bien désabusé maintenant. Que les gazons n'aient point tous conservé leur fraîcheur, nul doute. Au paradis seul l'éternel printemps. L'eau d'ailleurs manque en mille endroits ; mais partout où transsude le plus petit ruisselet, partout où fonctionnent des norias, partout où quelque ombre de bois ou de colline se projette, j'ai constamment trouvé la pelouse aussi verte que les arbres. D'ailleurs, vous le savez, nos caroubiers, nos oliviers, nos orangers, ne craignent pas plus le soleil, que votre buis, vos thuyas, vos sapins ne redoutent la gelée.

Quelques ondées annoncent le mois de septembre. Le vent du nord souffle plus fréquemment, et soulève, en touchant la terre chaude encore du rivage africain, des masses de vapeur qui teignent nos aurores des plus riches nuances.

Les ardeurs de l'été sont finies ; on n'en a plus que les délices. Les prés reprennent leur ton d'émeraude, et les fleurs de l'hiver n'attendent pas que celles de l'été soient flétries pour commencer leur règne. Au jasmin, à l'héliotrope, se marient le doux cyclamen, la scille maritime et vingt espèces curieuses dont les noms ne sont connus que des botanistes.

La plupart des valétudinaires, disais-je tout à l'heure, quittent trop tôt leur hivernage. Ils viennent aussi le chercher trop tard.

Lorsque en novembre ils se décident à se mettre en route, déjà les brouillards malsains de l'automne et les premiers froids de l'hiver ont empiré leur état. Le trajet alors s'effectue dans les plus mauvaises conditions. Ciel gris qui vous chagrine, neige qui vous transit, compétiteurs qui vous disputent les coins en vagon, les cabines au paquebot, mer houleuse qui vous abîme, et pour comble d'ennui, difficulté de se loger comme on voudrait en arrivant. Hôtels, maisons meublées, chambres garnies, sont écrémés déjà.

Tandis qu'en s'y prenant au milieu de septembre, on échappe à toutes ces contrariétés. La triste émigration se change même en partie de plaisir. Bon temps, beau ciel, coins à discrétion, hublot à bord, mer d'huile, et vingt fenêtres à choisir sur la place du Gouvernement... Un magnifique restant d'été charme les premiers jours de l'exil, et vous sauve de la nostalgie. L'installation est faite et parfaite. Viennent les pluies maintenant, vous les supporterez d'autant mieux que vous savez quels doux loisirs, quelles charmantes promenades vous réserve la moindre éclaircie.

II

LA JOURNÉE DES ALGÉRIENS

La population d'Alger ne m'a paru, malgré le départ des étrangers et l'augmentation de la chaleur, ni moins nombreuse ni moins active en été qu'en hiver. Les ouvriers poursuivent leurs travaux, les industriels leurs affaires, les désœuvrés leur flânerie, avec le même air de zèle et d'intrépidité qu'à Noël.

Le costume seul est changé.

La toile et les couleurs claires au lieu de la laine et des teintes sombres.

La troupe, la première, a donné le signal en inaugurant, dès le quinze avril, le pantalon blanc.

Le civil, plus frileux, il faut croire, ne s'est dégarni qu'à la fin de juin. Alors seulement, on a vu les Arabes dépouiller un des trois burnous superposés qui les emmaillotent l'hiver, les Maures quitter leur caban, les Kabyles leur gandoura ; les petits indigènes courir nu-bras, nu-cou, nu-jambes, sans autre vêtement que la chemise de coton et le seroual de calicot ; les Espagnols abandonner la vareuse pour la blousette ; les colons enfin s'habiller de coutil, brodequins de coutil, cravate de coutil, chapeau même, garni d'une surcoiffe et d'un bavolet de coutil.

Quant aux dames, elles sont partout trop esclaves de la mode pour que les ardeurs du climat leur permettent de rien changer, extérieurement du moins, à l'ordonnance des gravures qui leur sont envoyées de Paris.

La santé publique ne laisse rien ou presque rien à désirer.

La fièvre ne sévit que dans certains cantons de l'intérieur, auprès des eaux stagnantes et des terrains nouvellement défrichés ; les dyssenteries ne sont, la plupart du temps, que le résultat d'imprudences.

La seule affection véritablement endémique, c'est la *bourbouille*, autrement appelée gale bédouine, à cause des rougeurs et des démangeaisons qui la caractérisent. Mais, loin de s'en défendre, on l'accepte comme une inoculation aux aventures du climat ; loin de s'en plaindre, on la bénit comme un dérivatif aux graves indispositions que pourrait occasionner une température insolite. Le fait est que plus elle vous cuit, vous harcèle, vous martyrise, et plus on se sent d'appétit, de gaieté, de vigueur. Sans oublier les vieux Africains, elle favorise de préférence les nouveaux débarqués. *Et quorum pars magna fui.*

Voulez-vous savoir maintenant les habitudes, les travaux, les plaisirs de la saison ?

A l'avantage d'avoir en hiver des jours plus longs que les vôtres, Alger joint celui d'en avoir en été de plus courts. Les nuits alors suffisent à ce rayonnement de calorique, à ces abondantes rosées qui tiennent presque lieu de pluie.

Les matinées ainsi rafraîchies offrent tant d'attrait, qu'à l'opposé de leurs voisins d'Espagne et d'Italie, les Algériens se lèvent de bonne heure. L'aube à peine commence à poindre, que les lampistes laghouatis, armés du long bâton, signe distinctif de leur état, courent d'un réverbère à l'autre et se dépêchent d'éteindre le gaz. Les débitants d'absinthe et de champoreaux ouvrent leurs boutiques, funestes écueils où tout ouvrier qui passe, tient à honneur de payer la dîme de son salaire et de sa santé. Ne fallait-il pas, comme ils disent ici, tuer le ver et se mettre le cœur au ventre !

La plupart des ouvriers actuellement employés à Alger sont des maçons, et les maçons des Espagnols. Aussi diffèrent-ils complètement, pour l'aspect, du populaire parisien, si disgracieux en général avec sa 'lête enfoncée jusqu'au cou dans sa casquette, et la longue blouse bleue qui lui pend jusque sur les mollets. Petits, mais bien proportionnés, les épaules larges, le cou dégagé, la nuque haute, les cheveux noirs, le teint brun, les yeux brillants, les traits plutôt agréables que beaux, l'attitude toujours académique, ils portent un chapeau de feutre élégamment incliné sur le front, une ample chemise de couleur, un pantalon blanc que serre à la taille une écharpe rouge. Leurs pieds sont chaussés d'espadrilles. Vus d'assez loin pour que les taches, trous et pièces de leurs vêtements s'effacent, ils me rappellent ces sveltes titis, ces fringants débardeurs qui, de notre temps, éclipsaient, au bal de l'Opéra, le pierrot, le bébé, le chicard, de mode aujoud'hui.

Le ver expédié comme il faut, ils prennent la direction de leurs chantiers : boulevard de l'Impératrice, nouveau lycée, rue Napoléon, chemin de fer ; on bâtit partout maintenant. Et, sauf aux heures de sieste, les voilà, le marteau, l'équerre, la truelle en main, piochant, cognant, travaillant jusqu'au soir. Ni soleil, ni siroco, ne les arrête. On dirait une armée de salamandres.

Les muezzins cependant, perchés dans les hauts minarets, font entendre leur appel nasillard ; et les ombres du crépuscule ne sont pas encore dissipées que déjà les mosquées s'emplissent de croyants.

Bientôt le soleil paraît. Les maisons ouvrent leurs portes et déversent leurs habitants. Ce sont d'abord les maîtres d'hôtel, les ménagères, les bonnes, les ordonnances qui, raccrochés en chemin par le petit commissionnaire maure à deux sous la course, vont au marché faire la provision.

Commis de magasin, bureaucrates, clercs, écoliers, étudiants, fonctionnaires, se montrent ensuite. Les flâneurs, les messieurs, les dames suivent de près. Quel lit si doux vaudrait alors nos rues baignées d'ombre, et cette divine fraîcheur que répand sur Alger la brise encore tout imprégnée des brumes de la mer et des rosées de la montagne !

A dix heures, on bat la retraite, et les soldats rentrent dans leurs casernes où la sollicitude du réglement, venant en aide à leur imprévoyance, les invite à passer dans le far-niente les plus chaudes heures du jour. Les ouvriers suspendent leur besogne. Quelques-uns restent dans les chantiers, mangent la provision apportée le matin, et dorment à l'abri d'un pan de mur en construction. La plupart vont passer chez eux les trois heures de repos qui leur sont accordées.

Les bourgeois cependant, les employés, les officiers, déjeunent solidement, trop solidement peut-être, accumulant chope sur demi-tasse, gloria sur petit verre, en dépit de la Faculté qui prescrit aux Européens, sinon la diète frugale adoptée par les indigènes, du moins un régime plus en rapport avec les besoins de l'acclimatation.

La gourmandise est, du reste, un peu le défaut caractéristique des civilisations avancées. « Nous mangeons trop, » confessait lui-même le grand apologiste de la fourchette, Brillat-Savarin. Et puis, le moyen de résister à l'attrait de ces succulents déjeuners de cinq plats que les pensions d'Alger nous servent pour un prix qui semblerait fabuleux chez vous !

La sieste vient après, sieste bénie, sieste sacrée. Je connais des Algériens qui feraient plus volontiers le sacrifice de leur nuit que de leur sieste.

L'activité citadine, un peu ralentie dans le milieu du jour, reprend sur les trois heures, et croît à mesure que le soleil baisse.

Alger se présente alors dans ses meilleures conditions d'aspect. L'ombre tant désirée se répand dans les rues, s'allonge sur les places, et repose agréablement l'œil fatigué de lumière. Le ciel se teint de nuances lilas, roses, verdâtres, purpurines. La mer se calme, s'aplanit, s'endort, et sur sa nappe de lapis glissent lentement les voiles dorées par les feux du couchant.

Les gens du beau monde ont fait leur toilette, et fuyant les arcades où l'air du soir n'a pas encore eu le temps de pénétrer, ils viennent étaler sur la place du Gouvernement, leurs crinolines et leurs sourires, leurs panamas et leur superbe. On se retrouve, on s'aborde, on circule par groupes, on se concerte, on s'associe pour les plaisirs du soir.

Les musiques de la garnison, qui jouent, en hiver, dans l'après-midi, se font entendre le soir, en été, depuis huit heures jusqu'à neuf.

C'est à peu près la seule distraction journalière qui soit alors offerte aux Algériens; mais elle a tant de charme que nul ne paraît s'en lasser. Riche et pauvre, civil et soldat, tout le monde s'y porte avec empressement.

D'avance on a rangé les chaises, dressé les pupitres. Fournis à tour de rôle par les régiments de ligne, d'artillerie et de chasseurs, les virtuoses ne tardent pas à paraître avec leurs instruments dont le cuivre poli miroite aux feux du gaz ou de la lune.

Les dilettantes, suivant leur fortune ou leur fantaisie, s'assoient par groupes sur les chaises, par files sur la balustrade, font cercle debout autour de l'orchestre, ou se promènent à pas comptés en longeant l'allée des platanes.

Les morceaux, en général, ne brillent pas moins par le choix que par l'exécution. On en joue cinq. Un boléro d'abord, une marche, un pas redoublé, façon de lever de rideau qui met en haleine les exécutants et relance au loin les retardataires. Viennent ensuite les compositions de haute graisse, comme dit Rabelais, ouvertures, fantaisies, mosaïques, opéras : la *Dame blanche*, le *Trouvère*, le *Chalet*, *Freychutz*, *Lucie*, le *Prophète*. Une valse pour finir, un galop, une mazurka, quelque chose de vif, de sautillant, de gai : le *Rossignol* avec ses onomatopées musicales; le *Chemin de fer* où les instruments harmonisent le bruit des roues, de la vapeur et de la foule; la *Saint-Hubert*, avec ses claquements de fouets, ses aboiements de chiens, ses coups de fusil et ses trépignements de cavalcades.

Entre les morceaux, on devise avec cet abandon qu'inspire un esprit heureusement disposé. Rien de tel en effet que la musique pour favoriser l'entregent. Des sympathies se révèlent, des œillades se glissent, des compliments s'échangent, de société à société, de promeneur à promeneuse. Tantôt l'obscurité protége les intrigues ; tantôt, complice de l'observateur, l'indiscrète Phœbé dénonce les regards, vend les gestes, trahit les sourires. Tout, sous ses doux rayons, semble beau, riche, aimable. Les femmes sont toutes jolies, les hommes tous galants, les toilettes toutes fraîches, les haillons même luxueux.

A neuf heures, on éteint les chandelles, on rentre les pupitres, et les musiciens regagnent en rangs leur caserne. Le coup de canon retentit, les tambours battent la retraite, le public se retire, et bientôt il ne reste plus dehors que les flâneurs forcenés et les prolétaires domiciliés qui, sur le rebord d'un trottoir, qui sur les marches d'un escalier.

A moins toutefois que nos braves ne se fassent, de régiment à régiment, la politesse d'un punch d'adieu ou de bien-venue, politesse que les embarquements de troupes occasionnés par les affaires du Mexique ont rendue, cet été, fréquente.

L'honorable compagnie s'attable alors sous la tonnelle d'un café de choix. On lui sert à plein bol la liqueur flamboyante. A deux pas, en dehors du jardin, l'orchestre militaire joue morceau sur morceau, s'abreuve et joue encore, s'abreuve et joue toujours ; tant et si bien que parfois le son de la cloche qui détache onze heures du minaret de la mosquée Djedid, heurte en chemin la fugue d'un piston ou la ritournelle d'un

saxophone. Le public non invité profite, à distance,
bien entendu, de ces agapes fraternelles, et la couchée
se trouve d'autant retardée.

———————

III

LA FLANERIE

Dans tous les pays du monde et surtout dans celui-ci, la saison plus particulièrement goûtée des musards, c'est l'été. Permettez-moi donc de vous faire, à propos de climat, une esquisse de la flânerie telle que les Algériens la pratiquent.

Un encyclopédiste de poids a défini la flânerie : « la paresse des gens d'esprit. »

Dire alors d'un endroit qu'on y flâne beaucoup, c'est en faire moins le procès que l'éloge. C'est établir implicitement, d'abord qu'il contient une certaine quantité d'habitants spirituels, ensuite qu'il possède plus ou moins les conditions d'étendue, d'activité, de splendeur, d'agrément, nécessaires à la flânerie. Paris regorge de badauds, et pourtant quelle capitale! Naples, la mieux douée, sinon la plus civilisée des cités italiennes, Naples a créé le far-niente.

Me voilà donc maintenant fort à l'aise pour émettre cet avis, injurieux au premier abord, mais flatteur en définitive, qu'Alger est une des villes où les flâneurs abondent le plus.

On serait même parfois tenté de croire, à l'aspect de ses rues, en de certaines heures, que le nombre des oisifs y dépasse celui des gens occupés.

Comptons, en effet.

C'est d'abord l'essaim des touristes qui, de prétextes si spécieux dont il leur plaise de l'orner, ne pourront jamais ennoblir beaucoup leur vagabondage.

Viennent ensuite les malades dont le principal traitement consiste à se promener au grand air et à se reposer au soleil.

La plupart des indigènes, avec leur tendance au fatalisme et leurs habitudes méditatives, ne font guère d'autre besogne.

A cette liste, il faut joindre une masse d'ouvriers sans ouvrage, qu'ils n'en cherchent ou n'en trouvent pas; des légions de militaires, des théories d'em-

ployés, des bandes de collégiens, auxquels leur service
ou leurs classes ne prennent par jour que peu d'heures. Enfin, l'ordinaire appoint des belles dames, des
marmots et des bonnes d'enfants, que jamais le travail ne tourmente guère.

Si l'on ajoute à cette énorme agglomération d'oisifs
un concours vraiment prodigieux de circonstances
favorables à la flânerie, telles que : la beauté d'un
climat où des huit mois entiers se passent sans qu'il
pleuve, la disposition panoramique d'une ville étagée
en gradins sur la rive d'un golfe enchanteur, l'exces-
sive concentration des rues, la commodité des arcades,
les scènes variées d'un port de mer, l'intéressant tableau d'une colonie naissante, avec ses tâtonnements,
ses naïvetés, ses échecs, ses triomphes, on compren-
dra sans peine que les passe-temps soient vite devenus
une des choses les plus recherchées et les plus perfec-
tionnées d'Alger.

Oisif moi-même un peu, sous couleur d'hivernage,
je les ai plus ou moins expérimentés. Je puis donc
essayer d'en parler, sinon avec talent, du moins avec
exactitude.

La pure flânerie, la flânerie proprement dite, mère
et souveraine de toutes, celle qui consiste à marcher
pour le plaisir de marcher, sans direction ni but, à
regarder pour le bonheur de regarder, sans motif ni
discernement, compte ici de nombreux amateurs. Il
y a des gens qui littéralement se promènent du matin
jusqu'au soir, du soir jusqu'à l'aurore. Mangent-ils?
dorment-ils? On en pourrait douter, à les voir lou-

voyer sans trève par les galeries, et de leurs pieds
user les dalles des trottoirs, ne se donnant d'autre
repos que la lecture des affiches ou l'examen des éta-
lages.

L'enquête *de commodo et incommodo* pour les expro-
priations du boulevard compte des mois de date, la
mise en adjudication des travaux du pont de Mimouch
est jaunie par la vétusté ; Mme Philippe offre depuis
un siècle à la curiosité des passants ses missels reliés
d'ivoire ; Calanca son musée de costumes arabes ; les
photographies des illustrations contemporaines semblent stéréotypées aux murs de Bastide ; pourtant il
s'y rassemble constamment du monde.

Les étaux du marché, les ventes à l'encan de la
place de Chartres, les liquidations forcées des magasins
en faillite, les oiseleurs de la rampe de la Pêcherie,
s'ils manquent souvent d'acheteurs, sont, par contre,
toujours entourés de curieux.

Indépendamment du public obligé des saltimban-
ques, des arracheurs de dents, des chiens qui se battent, des ivrognes qui zigzaguent, des filous qu'on
arrête, des convois et des régiments qui passent.

En regard de cette espèce de flâneurs, que j'appel-
lerai par analogie les flâneurs à courre, se placent
les flâneurs auxquels le repos sourit davantage, les
flâneurs à l'affût. Ceux-ci se subdivisent en maintes
variétés, dont la première, assez accommodante en
fait de voisinage, dispute aux portefaix, aux manœuvres, aux vagabonds, les pauvres bancs à claire voie
qui bordent l'allée des platanes.

Mais, en retour des inconvénients, plus ou moins exagérés toutefois, de la compagnie, quel spectacle !

D'un côté, sur la place, les promeneurs, parfois en quantité si grande que, n'étaient les authentiques documents du géographe Mac-Carthy, l'on ne croirait se tromper de guère en donnant à Alger une population de deux cent mille âmes. Ce sont des officiers au brillant uniforme, à la poitrine chamarrée de croix et de rubans; des dames richement parées, montrant au soleil étonné de la sauvage Mauritanie les robes de Baudrand et les chapeaux de la maison Besson; des étrangers pilotés par Ali-ben-Omar, le cicerone de bon ton, qui leur explique le rhamadan ou les conduit à quelque derdeba.

C'est, de l'autre, un continuel va-et-vient de piétons affairés, de chevaux, de voitures; les écoliers en récréation, les sergents de ville au guet, les pelotons en marche, les ordonnances en commission, les chariots attelés à la manière antique, les écuyers, les amazones, les omnibus de Mustapha et de Saint-Eugène, les diligences du Fondouck et de Tizi-Ouzou, le brillant coupé du gouverneur, la voiture plus modeste de l'évêque, et la confortable calèche du général Yusuf avec son jokey noir affublé d'une livrée asiatique.

Quelques figures indigènes, quelques détails de la vie musulmane, viennent de temps à autre opposer leur rude contraste aux habitudes policées de ce quartier moderne où l'élément européen domine.

Mais pour avoir un vrai tableau de la fusion naissante, il faut gagner cette zone amphibie qui sépare les terrains plats de la portion déclive, la rue Napoléon, la place de Chartres, ou le bas des rampes conduisant à la Casbah.

Le café Mohammed de la rue Boutin me semble à cet effet un des meilleurs observatoires.

Quoique installé dans une maison neuve, à côté même de la cathédrale, il est tenu par un franc Mograbin qui baragouine toutes les langues et particulièrement le *sabir*. Des nattes pour s'étendre en meublent l'intérieur, tandis que des bancs pour s'asseoir garnissent, en dehors, les côtés de la porte.

Chrétiens, juifs et mahométans, simultanément le fréquentent, et se donnent pour un ou deux sous les voluptés gustuelles du café maure et du *sahaleb* musqué, jointes au plaisir toujours si prisé de voir à son aise passer le monde ; monde ici doublement curieux, attendu le mélange des races et la confusion des costumes.

Ceint de l'écharpe orientale, le Parisien côtoie la Mauresque chaussée du bas en coton gris de Troyes ; l'Espagnol, coiffé de la chachia tunisienne, fraternise avec le Kabyle vêtu d'un vieux pantalon de hussard.

A deux pas, devant la fontaine, se rencontrent, pour y puiser, la juive en crinoline et le biskri en blouse, l'une tenant entre ses doigts gantés la carafe de Baccarat, l'autre portant sur son épaule nue le *kolla deal n'hasse* ou pot de cuivre arabe, si gracieux de forme et si dur à l'user que les classiques seaux de nos Auvergnats n'ont encore su prévaloir.

Préférez-vous à ces tons mélangés une couleur plus franche ? gravissons la rue Porte-Neuve.

Chemin faisant, remarquez déjà sur le seuil des portes, à l'angle des murs, au milieu même du pavé qu'ils encombrent souvent, ces indigènes accroupis, la tête penchée, le regard perdu, la cigarette ou le chibouque en main ; ils flânent.

Jetez un coup d'œil dans le demi-jour de ces étroites boutiques garnies de brimborions plus ou moins précieux. Un Maure s'y tient gravement, semblant garder sa marchandise, et paraissant attendre des chalands. Ne vous y trompez pas ; il flâne.

On assure, en effet, que des Arabes opulents, qui pourraient vivre chez eux sans rien faire, se sont ainsi constitués marchands à seule fin de mieux voir dehors et de muser plus foncièrement.

Arrivés à mi-côte, montons, sur notre droite, l'escalier raide et tortueux des Abdérames, suivons ensuite la rue d'Anfreville, et parvenus au carrefour qu'elle forme avec les rues Kléber et du Palmier, non loin de la mosquée Safir, prenons place entre deux Bédouins, sur ces bancs extérieurs.

Quoi ! direz-vous, en pleine rue ?

En pleine rue et au café Ali tout ensemble ; car ce singulier établissement borde les deux côtés de la voie publique, abritée là comme un tunnel, il est vrai, par les soliveaux d'une habitation transversale.

N'appelez point le garçon, il serait sourd à ce langage ; mais articulez le *kaouadji*, et demandez-lui,

pour qu'il vous entende, une tasse de *kaoua*, et le
djemra pour allumer votre cigarette.

Ployez maintenant, si faire se peut, vos jambes sous
votre séant, car dans ce corridor étroit et rapide, le
moindre obstacle ferait trébucher les nombreux autochthones qui s'y précipitent.

Des heures passeront sans que la moindre redingote,
sans que la plus légère infraction au costume oriental,
vienne détruire l'harmonie de ce tableau digne du
temps de la régence. Négresse aux chevilles nues cer-
clées du *khalkhal* sonore, Mozabites couverts de la
gandoura, Mauresques chaussées du large *belgha*,
yaouled aux cheveux teints couleur d'acajou, tebib,
chaouch, iman, amin, muphti, caïd, agha, bachagha,
vont, viennent, librement, naturellement, superbe-
ment, comme sous Hussein-Dey, les uns tirant vers la
mosquée, les autres gagnant leur école, ceux-ci portant un plat de couscoussou, ceux-là des pots de lait
aigri, et tous sautant, glissant, bondissant, à telles
enseignes qu'on pourrait croire que l'homme ici n'ait
été fait, comme les acrobates et les kangouroos, que
pour la voltige.

A visiter quelquefois ces parages, vous serez bien
vite au courant des passe-temps indigènes. Vous ver-
rez Ouled-el-Cadi-el-Kharar et Mohammed-Telemsani
nos Philidors algériens, jouer aux échecs des journées
entières; Yayabel-Lil et Baghdad-ould-Kouider s'es-
crimer à *l'ab-sig*, jeu mozabite que défraient six petits
éclats de roseau ; El-Hadj-ben-Omar compter et re-
compter jusqu'à satiété les grains en corail noir de

son chapelet de la Mecque ; Bedal-ben-Kaddour fleurir poétiquement son oreille avec des touffes de jonquille, et Moskar-ben-Oualem fumer le hachich, en aspirant avec volupté la fine odeur de ces tiges de jasmin et de cassie mêlée, dont les fruitiers du crû donnent trois pour un sou.

Mais revenons à la place du Gouvernement, quartier général de la flânerie.

Un passe-temps des plus goûtés par tous, Arabes comme Européens, c'est de voir partir le courrier de France.

Bien qu'il ne doive pas se mettre en marche avant midi, la balustrade qui forme balcon au-dessus du port est déjà, dès huit heures du matin, garnie de curieux. On se demande le nom du bateau, le système de sa machine, l'histoire de ses traversées. On examine ses opérations, le drapeau qu'il arbore, la fumée qu'il vomit, les provisions qu'il embarque. Aura-t-il beau temps, bon vent, belle mer? On interroge le ciel, consulte la girouette, et promène, jusqu'au bord de l'horizon, des regards non moins inquiets que s'il était question de son propre salut.

Quelques minutes avant midi, les voyageurs commencent à se rendre au port avec leur cortége habitué de parents, de malles, de sacs, de produits locaux, tels que pannerées de pois verts, régimes de bananes, flacons d'essence de rose, couffes de dattes, caisses de frachs, de burnous, de pantoufles, de derboukas et d'étagères. On suit avec intérêt leurs mouvements, on étudie leurs impressions, on suppose à leur joie un

3

roman, on adapte à leur deuil un drame. Des fanatiques vont jusqu'à descendre au quai pour assister de plus près aux adieux, se saturer la vue de pleurs et se régaler le cœur d'embrassades.

Cependant l'heure solennelle est venue, l'escalier du bord se relève, les roues s'agitent, le bateau part. On redouble d'attention pour le voir franchir la passe et prendre la mer. S'il roule, on plaint les passagers et l'on apprécie d'autant *le plancher des vaches*. Glisse-t-il, au contraire, sur le miroir uni des flots, on envie ceux qu'il emporte, et longtemps après qu'il a disparu derrière la grande mosquée et les hautes maisons de la porte de France, l'œil jaloux le regarde encore.

Mais bien autrement saisissante est l'arrivée du paquebot.

Aux détails de l'entrée et du débarquement vont se joindre les péripéties de l'attente et le charme de l'imprévu. Paraîtra-t-il ce matin? N'arrivera-t-il que ce soir? Le *Thabor* file bien, mais l'*Alexandre* commence à boîter. Et puis, si le beau temps qui favorise notre latitude lui promet pour la fin de sa course, une marche facile, qui peut savoir quelles tempêtes ne l'auront point éprouvé au nord des Baléares!

Pour n'en rien perdre, on se porte dès l'aube à l'éternelle balustrade, et non content d'épier le grand mât auquel doit flotter le signal, on cherche à découvrir, au fond du lointain horizon, ce soupçon de fumée, cet imperceptible nuage, qui parfois précède d'assez longtemps l'apparition du pyroscaphe au-dessus de la courbe des eaux. J'ai vu des retards de six heures, de deux jours, d'une semaine entière ; eh bien ! le flâneur algérien ne s'est pas rebuté ; et six heures, deux jours, une semaine durant, il a monté la garde à son observatoire.

Combien de fois, pendant ces interminables attentes, son meilleur régal, après tout, n'a-t-il pas dû répondre à cette question devenue fameuse : « Le courrier est-il signalé ? » Combien de fois ne l'a-t-il pas adressée lui-même, ne fût-ce que pour s'identifier plus intimement avec son cher destin de musard ! Une statistique curieuse à faire serait celle des sympathies provoquées et des liaisons inaugurées à la faveur de cette simple interrogation, autrement insinuante que le *De Amicitiâ* de Cicéron, le *Peri Philou* de Plutarque, ou même les *Traités* plus récents de Louis de Sacy ou de Mme de Lambert : « Le courrier est-il signalé ? »

Objet d'une si longue attente, le petit drapeau blanc, aux angles écarlates, aux initiales noires, N M pour la Navigation Mixte, M I pour les Messageries Impériales, a paru comme un labarum au mât de l'amirauté. Le bruit s'en répand aussitôt, et chacun de courir aux lieux les plus propices pour le contempler.

Autre perplexité maintenant. Sera-ce le *Nil* ou l'*Euphrate ?* le *Jourdain* ou bien le *Méandre ?* On en guette les vergues au-dessus de la batterie de Constantine, le beaupré à la suite du phare et des bâtiments de la Marine.

Enfin le voilà, tantôt bercé comme une escarpolette, et tantôt d'aplomb comme un train de chemin de fer. Il s'arrête un instant pour recevoir le pilote, longe avec majesté les habitations, les chantiers, les magasins, les batteries qui cerclent le port, et faisant un demi-tour à droite, il franchit la jetée du Sud.

Les plus intéressés, alors, de s'empresser pour l'accueillir. Le phaéton vert de la poste aux lettres, avec son cheval blanc si connu, débouche par la rue Bab-Azoun, contourne au trot les allées de la place, et prend pour se rendre au bord de la mer, l'antique rampe de la Marine. Les garçons d'hôtel, les biskris, dégringolent en toute hâte l'escalier de la Pêcherie pour offrir aux arrivants, ceux-ci leurs chambres bien situées et leur excellente table d'hôte, ceux-là leur bras orné de la plaque réglementaire.

Cependant le steamer a jeté ses longues amarres, si Touache, au droit du premier bassin, si Messageries, tout près de l'îlot Algefna. Superflue désormais, la provision de vapeur est lâchée dans les airs qu'elle blanchit de son ondoyant panache.

Les allées et venues des petits bateaux indiquent que les formalités préliminaires au débarquement suivent leur cours.

Le commissaire a fait sa visite ; les gros sacs en cuir de la correspondance ont pris terre, et placés sur le phaéton, gagnent les bureaux où les attendent, timbre en main, les employés chargés de la distribution.

Voilà les passagers libres à leur tour. On les regarde quitter confusément le bord, s'empiler avec leurs effets dans les canots et s'approcher impatiemment des marches du quai.

Comme pour le départ, il est des amateurs que l'arrivée allèche, et qui pour en mieux jouir vont se poster sur le rivage même. Quoi de plus curieux, en effet, que tous ces visages nouveaux, les uns décomposés par la fatigue du voyage, les autres ébahis par l'étrangeté des objets qui frappent leurs yeux. Si jamais homme laissa lire au plus profond de son cœur, c'est bien dans ces instants critiques où la surprise et l'émotion nous dominent.

Les distractions que procure le mouvement des paquebots ne sont pas, il s'en faut de beaucoup, accidentelles, éphémères. Un flâneur qui sait son métier peut même en éterniser la durée. Il part, chaque semaine, trois courriers pour la France; il en revient également trois. Tous les huit jours un aviso se dirige sur Bône; deux fois par mois un autre sur Oran; et les mêmes époques en voient revenir un de chacune de ces escales.

Joignons au total, les goëlettes, les lougres nationaux, les sloops, les bricks, les polacres anglais, les sandales maures, les brigantins de Tunis, les faluchi, les mistichi d'Espagne, les schifazzi, les paranzelli, les speronari d'Italie, butin éventuel, irrégulier, non moins soumis au caprice du vent qu'à la marche des affaires; les visites célèbres et les retraites solennelles : l'Empereur venant étudier les besoins de l'Al-

géric et stimuler le zèle des colons par sa présence
auguste; un nouveau gouverneur abordant au bruit
des salves tonnantes; la jeunesse dorée d'Alger recon-
duisant de l'hôtel au rivage, dans un char enguirlandé de fleurs, et du rivage au pont du *Céphyse*, avec
une flottille de musiciens, sa cantatrice favorite; la
Reine-Mathilde échouant à dix brasses du port, sous un
ciel serein, par une mer d'huile, sur l'invisible écueil
de Mtahan; le terrible *Sumter* enfin, jetant jusqu'aux
rochers de Saint-Eugène l'écho bruyant de ses canon-
nades; et vous conviendrez aisément qu'il n'en faudrait pas davantage pour alimenter la musarderie jusqu'à la consommation des siècles.

Je clorai cette nomenclature par la physiologie d'une
distraction, plus pauvre en incidents, sans doute, que
les évolutions du pyroscaphe, mais qui n'en mérite
pas moins, j'en appelle à tous les Africains, le nom de
roi des passe-temps : la cigarette.

Ses congénères n'atteignent pas le même but. La
pipe abrutit, le cigare coûte; l'un et l'autre, partant,
conseillent l'égoïsme et la misanthropie.

Quoi de moins dispendieux, à l'opposé, que la cigarette! Un quart de centime, environ. Quoi de plus
social aussi, quoi de plus propre à favoriser l'entregent! C'est à qui répandra les trésors de sa blague,
ne fût-ce que pour l'occasion d'en déployer le luxe
ou la bizarrerie. L'un ouvre avec orgueil un sachet
de velours aux glands de soie, aux filigranes d'or,
payé comptant chez Mᵐᵉ Honoré, mais auquel on est
bien aise de laisser supposer quelque plus galante

origine. L'autre, non moins fier, exhibe une simple
vessie, mais dont le contenu doit, à l'entendre, surpasser toutes les inventions, manipulations et fabri-
cations du monde.

Il y a, en effet, papier et papier. Le *Turco*, illustré
de vignettes; l'*Algérien*, brodé d'épigraphes arabes;
le *Bardou*, à la cuve pur fil; l'*Espagnol*, le *Garibaldi*,
fins, fermes et soyeux; la feuille de maïs qu'il faut
faire venir exprès.

Pareillement pour le tabac. On compte le *français*,
au goût raide, à l'âcre saveur; le *philippin*, aimé des
Mahonnais: le *chébli*, dont la douceur permet de fumer sans danger depuis le matin jusqu'au soir, et
dont le parfum varie avec les boutiques. Celui de Si-
el-Mouhoub-ben-Ali sent la rose; Mohammed, de la
rue Kleber, mêle au sien je ne sais quelle vague
senteur de benjoin et d'héliotrope; Joseph Bernard,
de l'hôtel d'Orient, imprègne ses produits d'un arôme
charmant, mais indéfinissable.

Auquel donner la préférence? Tenir compte des
avis serait se condamner à ne jamais fumer deux fois
ni le même tabac, ni le même papier. Chacun porte
aux nues son marchand d'aujourd'hui, qu'il laissera
demain pour un autre, objet à son tour de son engoue-
ment. Merveilleux destin d'un loisir dont l'unique
mélange est l'embarras du choix!

Un fumeur doublé d'un poète pourra seul chanter
dignement les profondes joies et les jubilations infi-
nies que dispense à ses partisans la confection de la
cigarette.

La feuille légère et soyeuse enlevée doucement au microscopique volume ; la floche de tabac menu, blond et moëlleux, extraite avec mesure de la blague entr'ouverte ; la magistrale lenteur que des doigts exercés savent mettre à l'artistique combinaison de ces précieux éléments ; l'amour-propre flatté par la réussite du petit chef-d'œuvre que vont enfin couronner dix minutes et plus de délectation suprême ; quelle riche matière à mettre en vers alexandrins !

Et quels traits de morale aussi pour leur conclusion utile ! Les effets sédatifs, sur le tempérament, d'une incinération régulière, les saines méditations inspirées par le blanc nuage qu'une brise légère emporte vers le ciel ; les rapports de bon voisinage, les éclosions d'amitié soudaine et les faciles charités que l'ignition de la cigarette provoque ! Demander à tous, même au plus vil, avec courtoisie, le *baiser de feu*, l'accorder à tous avec empressement, n'est-ce pas concourir, dans la mesure de la circonstance, à cette grande loi d'amour que prêchent les Évangiles !

« Craignez le tabac ! C'est un double poison ; poison pour le corps et poison pour l'âme. Il jaunit les dents et infecte l'haleine, en même temps qu'il engourdit les facultés de l'intelligence et diminue l'aptitude aux travaux de l'esprit. »

Que ces menaces concernent la grosse pipe et le volumineux cigare, soit ; mais peuvent-elles atteindre notre mignone cigarette où le tabac, toujours doux et léger d'ailleurs, entre moins comme fonds que comme accessoire ? Endormît-elle même un peu l'activité cérébrale, le beau malheur, dans un climat dont le tort principal est de fouetter le sang et d'agiter les nerfs outre mesure !

Muse de la nicotine ! l'encens que je brûle à tes pieds sera, j'espère, d'autant mieux accueilli qu'il part des mains d'un néophyte. J'avais jusqu'à ce jour abhorré tes présents, mais qui pourrait, à Alger, éluder une seule des conséquences de la flânerie !

J'ai goûté la plupart des heureux passe-temps qu'offre la capitale du Sahel.

Les caisses de béton qui protègent le môle m'ont vu, sur leurs arêtes, une ligne à la main, guetter, heure après heure, le cabot, la rascasse, le trois queues, l'araignée, l'oublade, hôtes plus ou moins estimés de ces bords.

Bien qu'imparfaitement initié aux mystères du *cochonnet*, de la *refente* et du *tiatia*, j'ai pratiqué le jeu chéri de l'esplanade Bab-el-Oued.

L'Exposition permanente de la rue Bab-Azoun, les salles de la Bibliothèque et la table aux journaux du cercle d'Alger ne connaissent, comme on dit vulgairement, que moi.

J'ai, dans la compagnie de La Fontaine et de Topffer, docteurs fameux en flânerie, respiré, des journées entières, les romarins en fleurs, sous les azédarachs du jardin Marengo.

Les dominos, le billard, l'écarté, la mora, le bilboquet lui-même, m'ont fourni leur appoint d'émotions candides.

Eh bien ! il est pour moi quelque chose de préféré,

c'est d'entendre un morceau d'Auber, exécuté sur la place du Gouvernement, par la ligne, l'artillerie, les chasseurs ou les zouaves, avec la cigarette de chébli aux doigts, un bras sur le bras d'un ami, un œil sur le cercle bariolé des auditeurs, un autre vers la mer où glisse, en s'approchant du port, le courrier chargé des journaux de France et des lettres de ceux que, malgré toutes béatitudes, mon cœur ne saurait oublier.

IV

L'EXPOSITION BAB-AZOUN

Un musée de produits algériens est ouvert au public plusieurs fois par semaine.

But de promenade et de distraction, plutôt que de méditation et d'étude, il est situé dans la partie la plus bruyante de la ville, au milieu même de la rue Bab-Azoun, entre la place et le théâtre, à deux pas des marchés, des concerts et de la boîte aux lettres.

Une grande enseigne rouge, suspendue pour plus d'apparence en travers des arcades, force l'attention du passant, et vaut à la collection des visiteurs qui n'y fussent jamais venus sans doute au prix de la moindre démarche.

Et puis, autre appât, du trottoir même on aperçoit, par les portes grandes ouvertes, un vestibule enguirlandé comme pour une fête. La pelle et le râteau y figurent poétiquement couronnés de roses, et les fusils symboliquement enlacés de pavots. Il n'est pas jusqu'à l'aigle empaillé, formant lustre au plafond, qui n'étreigne dans ses serres un bouquet de fleurs en guise de foudre.

Enfin, pour le connaisseur qu'allécheraient médiocrement ces banales amorces, voici déposée, dans un coin, la rondelle gigantesque d'un cèdre de la forêt de Teniet-el-Hâd, qui ne mesure guère moins d'un mètre de rayon.

Gravissons donc hardiment l'escalier, et sans mépriser toutefois ces frachs moelleux, ces zerbis épais, ces tellis rayés, qui lui donnent un peu l'aspect d'un magasin de tapis, arpentons ces vastes galeries dont les trésors s'étalent avec un goût décoratif devant lequel ont dû s'incliner plus d'une fois les exigences de la classification.

Les tapis n'étaient, dans l'escalier, qu'une avant-garde; ils se comptent par théories aux murs de chaque salle, qu'ils ornent concurremment avec divers tissus fabriqués, comme eux, à la main, dans le gourbi de la montagne ou sous la tente du désert.

Le bourgeois de Paris, qui visite aux Champs-Ély-
sées l'exposition des produits algériens, n'accorde en
général qu'une attention médiocre aux vêtements
arabes. Ces fins burnous d'Aïn-Madhi, de Géryville ou
de Tébessa ; ces gandouras brodées qu'on passe par la
tête, ces douces fraichias, ces haïks, ces bonnets, ces
pantalons, dont, à défaut d'étiquette, on ne saurait
trop préciser l'usage ; ces hamels frangés qui ressemblent à d'énormes sacs de nuit, ces oussadas lamées
formant bourse ou besace, ces musettes bizarrement
façonnées, n'offrent à son regard qu'un ramas con-
fus, à son esprit qu'une énigme indéchiffrable. Il lui
semble voir la défroque carnavalesque d'une population fantastique. Mais ici même, où l'on rencontre à
chaque pas un porteur de ces singuliers vêtements,
rien d'intéressant comme la collection qui permet de
les examiner à l'aise.

Vient ensuite un assortiment formidable de cribles,
de couffins, de gourdes en alfa, de corbeilles en palmier et de plats pour servir les dattes, sur lesquels
ont dû s'arrêter bien souvent le regard convoiteux
des maurescomanes.

Je ne cite que pour mémoire les armes et les objets qui servent à l'équipement du cavalier indigène.
Il faut être Beni-Zirman, Beni-Moussa, Beni-Kaina,
pour admirer cette ferraille renouvelée du temps des
croisades.

J'ai dit quelle nombreuse clientèle valait au musée
sa position centrale ; il y vient jusqu'à des Mauresques,
fait considérable quand vous saurez qu'elles ne sortent

guère que pour comparaître chez le cadi ou porter leurs nippes au Mont-de-Piété.

Si vous voulez les suivre, ce n'est ni autour des charrues, ni devant les pistolets, qu'elles vous conduiront, mais tout droit à la vitrine aux bijoux. On ne voit de tout leur visage que les yeux, mais dans ces yeux quelle expression ! Comme ils lorgnent avec envie ces boucles d'oreilles de Bou-Saada longues et pesantes comme des trousseaux de clés, ces bracelets kabyles qui ressemblent à des rouleaux de serviettes ! Comme ils fixent avec amour ces colliers de Dellis, dignes du cou d'un éléphant, ces anneaux de pieds qu'on prendrait pour des fers à cheval, ces broches compliquées grandes comme des patères, ces boutons de sulthani, ces épingles, ces bagues, ébouriffante quincaillerie qui ferait toute une année leur bonheur !...

Les ustensiles de ménage ne sont pas dédaignés pourtant ; mais, observez un peu les mains et les pieds de celles qui s'y complaisent, et vous reconnaîtrez facilement qu'elles ont plus ou moins dépassé l'âge heureux où l'on préfère l'agréable à l'utile. Aussi, n'est-ce pas sans réserver beaucoup et sans critiquer souvent, qu'elles manient le chandelier de fer des Ouled-Kosseir, le plat berbère des Beni-Ouassif et la sébile en bois de tamaris de nos amis les Touareg.

Si la lampe de Bouïra, la tasse d'Ouzera, le pot à eau des Ksour et la guebouche des Beni-Raten ont aussi le don de les charmer, ces objets ne sont pas

moins appréciés de l'archéologue qui croit reconnaître en eux, malgré l'imperfection de leur forme et la
grossièreté de leur peinture, l'idée mère et le type ori-
ginel de ces amphores gracieuses, de ces lacrymatoires
élégants, dont les anciens nous ont laissé tant d'ini-
mitables modèles.

Je vous ferai grâce des bibelots auxquels nous ont
tous initiés les boutiques arabes du passage des Pano-
ramas et de la rue de Rivoli. Porte-monnaie, pantoufles, foulards, pipes, coffrets, lanternes, étagères,
occupent ici les places d'honneur et se disputent la
vénération des badauds un peu détournée toutefois,
depuis quelque temps, par les souvenirs de la visite
impériale : clés de la ville, fauteuil en velours grenat
à l'aigle d'or sur lequel s'est assis Napoléon III, pa-
lanquin en satin rose dont s'est aidée l'Impératrice
pour gravir les quartiers montueux de la Casbah,
truelle et marteau d'argent ennoblis par la pose de
la première pierre de ce fameux boulevard qui doit,
dans la pensée de tous, ouvrir au chef-lieu colonial
une ère inconnue de vogue et de prospérité.

Passons au musée d'histoire naturelle.

Les minéraux, parfaitement classés, donnent une
haute idée des trésors que nous vaudra l'Algérie
quand nous voudrons prendre la peine de l'exploiter.
Il faudrait un volume pour vous détailler ces cuivres
pyriteux, ces schliks, ces galènes cristallisées, ces onyx
translucides d'Aïn-Tekbalet, ces marbres blancs de
Filfilah, noirs de Sidi-Yahia, veinés et mouchetés
d'Hadjar-el-Bid, lilas et roses de Bougie, dont chaque

fragment semble une pierre précieuse, et n'est effectivement qu'un simple échantillon des mines iné-
puisables qui n'attendent que des chemins de fer et
des capitaux bien avisés pour nous prodiguer leurs
richesses.

Que vous dirai-je des bois? On ne peut se lasser de
les examiner. Les beaux meubles que feront un jour
à nos petits-neveux ces chênes houx aux veines
rayonnantes, ces pistachiers de l'Atlas plus bruns que
le palissandre, ces plocamiers jaunes et durs comme
du portor, ces bois de Máadid auprès desquels pâliraient la terre de Sienne et le jaune indien, ces
tamaris de la nuance du café, ces lenstiques, ces
oliviers, ces thuyas surtout, dont les Romains payaient
jadis la racine au poids de l'or, et qui commencent
enfin à retrouver faveur auprès de nos ébénistes.

Quant aux céréales, un agriculteur pourra seul
apprécier dignement les gerbes de blé, d'orge et d'a-
voine, les spécimens de maïs, de riz et de sorgho qui
garnissent les murs et couvrent les tables du musée.
On a fait sur leur qualité de concluants rapports, mais
leur seule beauté suffit à ravir le profane qui les prendrait volontiers pour des variétés imaginaires, sans
plus de rapport avec les nôtres que n'en a le colossal bambou de la Chine avec l'humble roseau de notre
France.

La merveilleuse chose aussi pour un jardinier sep-
tentrional, que certains produits maraîchers d'Algérie!
Sans doute les navets, les pois et les oignons, que
modifient peu les climats, n'auraient rien qui pût le

surprendre, mais la grosseur des raisins et des figues, la nouveauté du talghouda qui entre dans la fabrication du couscoussou, l'utilité du tarsoun qui. pare aux cas de disette, et l'étrangeté de quelques plantes oléagineuses telles que le madia, le térébinthe et l'arachide, le jetteraient dans un étonnement d'autant plus profond, que ces végétaux, à peine au lendemain de leur expérimentation, sont déjà cultivés sur une grande échelle.

Ce n'est pas non plus, je parie, sans intérêt, qu'il ferait connaissance avec le djelbana des Ouled-Kébir, le gerfala des Mhuaïas, la pyrèthre de Tlemcen, plantes fourragères qui varient ici, fort à propos, à en juger par la beauté du bétail, le sainfoin et la luzerne.

Les plantes textiles et tinctoriales, les cotons, les tabacs, les goudrons, les vins, les essences, nous entraîneraient trop loin. Passons vite et ne donnons qu'un regard, mais un regard d'immense estime, à ces flacons transparents qui nous montrent l'ambre liquide des ceps de Médéah, ou le rubis éclatant des nectars de Cherchell et du clos Perreaux, destinés, dans un prochain avenir, à seconder sinon à surpasser les meilleurs crûs d'Espagne et de Sicile.

Admirons, sur la foi de leurs étiquettes, ces fioles remplies d'autant de parfums qu'il en faudrait pour embaumer le cercle empesté de l'Enfer du Dante; cassie, romarin, bergamotte, myrthe, géranium, tubéreuse, on les compte par douzaines; et rendons enfin visite à ces beaux mammifères, à ces oiseaux coquets, à ces reptiles étranges qui, montés par une main habile, semblent moins les sujets empaillés d'une collection figurative, que les hôtes vivants d'une ménagerie stupéfiée par la baguette d'un enchanteur.

Les animaux occupent une grande place au musée de la rue Bab-Azoun. Ils remplissent sept armoires et nombre de bocaux, de boîtes, de vitrines. L'Algérie les a tous fournis, et l'on ne songe pas sans un vif intérêt, que ces êtres bizarres, excentriques, fabuleux à force de gentillesse ou de monstruosité, vont peut-être se trouver demain, ce soir même, sur notre passage, pour nous amuser ou nous épouvanter.

Ce joli petit rat de Barbarie, gros comme un dé à coudre, et rayé de jaune et de gris comme une chenille, cette mignonne avocette à nuque noire, trouvée sur les bords de l'Arrach, pourquoi n'aurais-je pas, en allant peindre d'après nature, la chance de les rencontrer ?

Qui sait pareillement si ce guépard du Mzab avec ses redoutables canines, et ce périops de Bône au moins aussi long qu'un homme, ne me courront pas sus à ma première excursion dans l'Atlas ?

La trouvaille de tel mégacéphale aux yeux de nacre, au corset d'émeraude, la capture de tel crytocéphale rond et rose comme une fraise, me plairait assez ; j'en ferais tout de suite hommage à certain bon naturaliste de nos amis ; mais en revanche, il me sourirait fort peu de surprendre, grimpant à mon habit, un de ces androctonus funestus du Sahara, gros comme des écrevisses et terrifiants comme le cauchemar ; ou même seulement de voir à dix pas un de ces cholcus barbarus dont la laideur défie toute description. Je me suis demandé souvent ce qu'il adviendrait de nous et de la plupart de nos commensaux sublunaires, si deux ou trois variétés de ces affreuses bêtes acquéraient tout-à-coup la taille des pachydermes.

Les mammifères et les oiseaux algériens, dont la collection, dans l'état présent de la science, est aussi complète que possible, ont été tous donnés par le premier conservateur du musée, le commandant Loche. Je ne vous parlerai ni des lions, ni des léopards, ni des phoques, ni des sangliers, communs à beaucoup d'autres pays, mais je vous citerai, comme exemple des espèces particulières à la colonie, une jolie petite zorille, une fort belle genette rayée, et un magnifique chat jaune trouvé dernièrement aux environs de Ngouça.

Parmi les oiseaux, si l'aigle, l'épervier, la cicogne et l'ibis usurpent à leur profit l'attention du visiteur profane, une galéride à grande taille, une stoparola du désert et un malurus du Sahara méritent particulièrement, à cause de leur nouveauté, le suffrage des connaisseurs.

Je vous épargnerai les insectes. Les agréables font défaut, et les détestables foisonnent. Point d'ailleurs n'est ici besoin de hanter les expositions pour connaître certains aptères, maints hémiptères et maints hétéroptères, auxquels leur sympathie pour notre individu pourrait bien valoir, hélas! le nom d'animaux domestiques.

———————

V

LES DIMANCHES

Des fêtes, des solennités, varient agréablement l'agréable monotonie des jours ordinaires.

Tous les dimanches, il y a, le matin, messe en musique à la cathédrale. Les autorités s'y rendent en grande tenue. Les soldats présentent les armes, les tambours battent aux champs sur leur passage. Le beau sexe abonde. Une demoiselle quête. On exécute de jolis morceaux. Et tout cela ne prend guère plus de vingt minutes.

La parade se fait après, sur la place du Gouvernement. Voltigeurs, artilleurs, génie, zouaves, turcos, y défilent au pas relevé, devant le général Yusuf, que sa noble et gracieuse attitude distingue entre tous les brillants officiers qui forment son cortége.

Le jardin Marengo voit, dans l'après-midi, ses allées pittoresques et ses massifs ombreux se bigarrer des mille nuances qui distinguent le costume algérien. Les musiques de la garnison s'y font entendre, un jour l'une, un jour l'autre, dans un enclos où viennent aboutir les plus riants sentiers de la promenade. On circule à l'entour, fumant la cigarette, lorgnant, baguenaudant, s'entretenant avec ses connaissances.

Les divines inspirations que vous eussiez rencontrées là, mon cher maître, vous qui les trouvez déjà si jolies dans votre sévère appartement du Marais! Les délicieux romans que nous eussent valus vos méditations en ce lieu poétique !

Quelques bancs placés à l'ombre des dattiers, des plumbagos et des magnolias, y convient les promeneurs au repos, y facilitent les rencontres, y provoquent les liaisons. Le terrain incliné vers la mer y laisse souffler doucement un vent toujours frais et salubre, et dans les trouées du feuillage aux teintes les plus variées, resplendit le double azur du ciel et des flots.

Plusieurs monuments de plaisance marient la blancheür de leurs marbres et la panachure de leurs mosaïques à la verdure des bosquets.

Ici, dans un quinconce de bellombras, s'arrondit la coupole d'un petit marabout auquel semblent prodiguées toutes les coquetteries du style levantin.

Là, dans un bassin tapissé de végétations aquatiques, s'élève une fontaine aux vasques étagées, aux sculptures moussues, aux cannelures limoneuses.

Un buste colossal de Napoléon Ier trône à l'extrémité de la principale avenue; et plus bas, regardant l'horizon de France, une inscription commémorative gravée sur le socle d'une colonne rappelle que, s'il ne l'a pas entreprise, le fondateur de notre dynastie impériale avait du moins rêvé la conquête de l'Algérie.

Enfin, en dehors du jardin, mais lui faisant suite pour la perspective, se profile élégamment, sur les vieux remparts crénelés de la ville, remparts qu'on est, hélas! en train de démolir, la jolie petite mosquée de Sidi Abd-er-Rhaman-et-T'çalbi, véritable joyau d'architecture orientale et de grâce décorative.

Vous vous êtes peut-être déjà demandé pourquoi ce nom de Marengo dans une province africaine.

Voici ce que j'ai lu:

Quand, après la conquête, il s'agit de dégager les environs d'Alger qu'obstruaient des cimetières tout pleins de trous et de broussailles, les condamnés militaires furent chargés des terrains contigus à la porte Bab-el-Oued. Et si vite et si bien ils firent, que des pentes adoucies, des allées sinueuses, des massifs d'arbres verts, des plates-bandes de rosiers, des bordures de romarin succédèrent, comme par enchantement, aux touffes de cactus et d'agaves qui hérissaient les flancs abrupts de la colline. Ce paradis improvisé reçut d'abord le nom des ouvriers qui le créèrent; on l'appela jardin des Condamnés, nom triste et malheureux qui fut, peu de temps après, remplacé par celui de l'officier sous l'intelligente direction duquel s'étaient accomplis les travaux, le capitaine alors, et quelque temps après le colonel Marengo.

Vous vous demandez peut-être maintenant pourquoi ce nom italien de Marengo à un citoyen français..

Voici ce qu'on m'a rapporté :

Le colonel n'était encore que simple tambour et s'appelait, sauf son respect, Capon, le 14 juin de l'an de grâce 1800. Plein de jeunesse, bouillant de courage, il se couvrit de gloire à l'épopée de Marengo. Napoléon, témoin de ses hauts faits, lui demanda son nom.

— Capon, dit le héros.

— Capon? répartit le futur empereur, on s'est trompé pour sûr à ton baptême. Il faut changer de parrain. Prends Marengo !

Quel plus beau titre de noblesse! Le tambour monta vite en grade, et le jour de sa mort, comblé d'honneurs, estimé de tous, il était maire de Douéra.

Mais, au concert du jardin Marengo ne se bornent pas les plaisirs du dimanche. Ils n'en sont même, pour beaucoup de gens, que le pis aller. On a les

fêtes patronales. Le moindre hameau du Sahel se croirait déshonoré si, comme nos communes de France,
il n'invitait et ne festoyait, au moins une fois l'an, les
populations du voisinage.

Une salle de bal est construite à grand renfort de
drapeaux, de lampions et de guirlandes de feuillage.
Point de tente ; il ne saurait pleuvoir. On prépare
des jeux, quelquefois un feu d'artifice. Des commis-
saires sont choisis, et puis en avant la trompette. On
colle à tous les murs d'Alger des affiches conçues dans
un style entraînant. Fête de Chéraga, de Birtouta, de
Birkadem, de Saint-Eugène, de la Maison-Carrée, du
Ruisseau, de Birmandreïs. Jeu du pot cassé, de la
peau de bouc, de l'œuf, du canard, du saut du chat,
des ciseaux, de la plus belle grimace. Une robe, un
rasoir, une ceinture, une calotte, un peigne pour le
vainqueur. Bal gratuit, orchestre nombreux. Tom-
bola.

La route n'est jamais bien longue. Vous partez vers
trois heures, à la fraîche, en calèche, en omnibus, à
pied.

Paysage toujours superbe. Lui seul eût, au besoin,
suffi.

Pourtant, des personnages y manquaient. Voici la
fête, les voici !

Quel groupe charmant ! Les femmes sont assises ;
créoles, Provençales, Corses, Maltaises, Andalouses.
Une Andalouse peut-elle être laide ! Les garçons pa-
pillonnent, les gamins assiégent les jeux, les commis-
saires, que distingue un nœud de rubans à la bou-

tonnière, circulent d'un air empressé. Rires, lazzis, espiègleries.

Le jour baisse; on illumine. Le violon paraît, les quadrilles se forment, et l'on danse une partie de la nuit.

VI

LES FÊTES

Voulez-vous étudier un peuple ? rien de tel que les
solennités. Elles l'attirent dehors et le mettent tout
entier sous vos yeux, avec ses défauts et ses qualités,
ses misères et ses grandeurs, ses folies et ses recueil-
lements.

Aussi, première communion, baïram musulman,
arrivées et départs d'escadres, procession du saint via-

tique, anniversaire de Sidi-Ferruch, distributions de
prix, célébration du 15 août, n'en ai-je pas manqué
une seule. Il serait bien trop long de vous les décrire
toutes. Les deux principales suffiront d'ailleurs pour
vous faire juge de leur caractère et de leur magnificence au milieu de nos races mêlées et de nos vastes
horizons.

A tout seigneur, tout honneur. La Fête-Dieu d'abord.

J'ai déjà vu bien des processions, et des plus mer-
veilleuses, et des plus étonnantes. L'Italie que j'ai si
minutieusement explorée ne connait point, vous le
savez, de rivale en ce genre. Nos opéras les plusp om-
peux ne sauraient donner qu'une faible idée de l'os-
tentation théâtrale qui, dans Rome, préside aux cérémonies religieuses. Nos carnavals les plus hauts en
couleur pâliraient auprès des exhibitions du saint
culte chrétien au Corso de Palerme. Mais, tout à l'opposé de ces villes singulièrement dévotes, où le bur-
lesque et l'effrayant semblent faire les principaux frais
de la fête, Alger n'offre à la piété de sa population
fidèle, que des files charmantes et de respectables
cortéges.

Vous pensez bien que j'avais choisi pour observatoire le belvédère sans pareil de ma chère maison
d'Apollon. Quelques amis vinrent m'y joindre, et
d'intéressants entretiens permirent à chacun d'attendre sans ennui le grand spectacle pour lequel fenêtres, balcons, terrasses, et jusqu'aux toits des constructions qui encadrent la place du Gouvernement,
se garnirent peu à peu d'une foule immense.

Je vous ai déjà fait vingt fois la description du splendide panorama qui se déroule autour de ma demeure : le Djurdjura plus léger à l'œil qu'un nuage ; l'Atlas aussi bleu que le ciel au zénith ; les pentes du Sahel vertes comme un jardin anglais ; la mer, indescriptible, parce qu'elle est de toutes choses la plus changeante et la plus belle. Il y faut joindre maintenant les drapeaux aux mille couleurs dont les navires s'étaient pavoisés, et les masses de curieux européens, arabes, israélites, qui se pressaient confusément autour de la place.

Un reposoir était au centre, s'adossant au socle même de la statue du duc d'Orléans ; reposoir un peu trop modeste peut-être ; mais quel monument, quelle Babel ériger en ce lieu qui n'eût été quand même écrasé par la grandeur du site !

Il faut vous dire enfin, pour compléter cet inventaire du décor, que le soleil d'Afrique, ordinairement si chaud, si fatigant, surtout à cette époque de l'année, s'était comme exprès voilé d'une vapeur opaline, qui donnait à ses rayons une tiédeur caressante, à sa lumière des tons pleins de douceur, d'harmonie, de suavité.

Vers cinq heures, la procession qui, descendue bien auparavant de la cathédrale, avait déjà, suivant l'itinéraire habituel, évolué par les rues Napoléon, de Rovigo, la place Bresson et la rue Bab-Azoun, déboucha, tambours et musique en tête. Oriflammes, guidons, bannières, croix, petits garçons, petites filles, jeunes gens, demoiselles, lycéens, pensionnats, séminaires, confréries, sœurs de charité, sacristains, bedeaux, diacres, curés, défilèrent en telle quantité qu'ils étaient innombrables, en tel ordre, élégance et richesse qu'ils faisaient à voir un inexprimable plaisir.

Il y avait des enfants tout roses comme les roses, d'autre bleus comme les bluets. Certaines théories de vierges panachées ressemblaient à des carrés de tulipes; d'autres, nuancées de lilas tendre, à des planches de fuchsias, d'héliotropes et de balsamines. On voyait des marmots ailés comme les anges, des petits saint Jean habillés de la toison biblique, et des agneaux sans tache enrubannés depuis la queue jusqu'à la tête.

J'ai remarqué avec satisfaction que, contrairement à ce qui se passe en Espagne et en Italie, les rôles de Madeleines repentantes, Jésus porteurs de croix, archanges saint Michel et autres, étaient remplis par de tout jeunes enfants. L'intérêt que chacun porte à ces innocents petits êtres, sauvait heureusement ce que ces pieuses exhibitions ont, suivant moi, de par trop moyen-âge.

Des fleurs partout, partout des fleurs. Tous les fronts en étaient ornés, tous les cierges garnis, toutes les croix enguirlandées. Des cordons fleuris reliaient entr'eux les drapeaux; et des chérubins couronnés de roses jetaient des pétales de roses devant les pas du bon Dieu.

Car, si long que fut le cortége, le Saint-Sacrement parut enfin sous son dais de velours écarlate. Il s'a-

vança majestueusement au milieu des dignitaires
en grand costume, des conseillers en robe rouge,
des magistrats en toge noire, des officiers chamarrés
de croix, et des ecclésiastiques parés de leurs ornements des grands jours.

Au moment solennel de l'élévation, la foule s'age-
nouilla, les cloches carillonnèrent, les tambours (cent
caisses) battirent aux champs, les musiques (six orchestres) entonnèrent l'hymne d'usage, les canons
des forts retentirent, et les batteries de l'escadre firent
tonner leurs plus bruyantes pièces.

Après avoir béni la pieuse assistance, et la ville
infidèle, et la terre d'Afrique, au passé si riche de
souvenirs, à l'avenir si rempli de promesses, le prêtre,
descendant de l'autel, s'est dirigé vers la balustrade
qui forme balcon sur le port, et là, pour la seconde
fois, élevant le saint viatique, il a béni la mer, la
mer, route de France, chemin de la grande patrie.

Et dans mon âme, ainsi que lui sans doute, je
priais Dieu de rendre sûre et rapide cette voie péril-
leuse et lente des flots, qui fut depuis la conquête,
et sera sans doute encore longtemps, hélas ! le plus
grand obstacle au progrès de la colonie et au triom-
phe de la civilisation sur ce beau rivage.

Et plus avant encore au fond de mon cœur, je
sollicitais une heureuse traversée pour ma bonne
mère, qui doit bientôt venir aussi, me promet-elle,
demander au climat privilégié du Fâhz, la santé et
le bonheur qu'il dispense si libéralement à son ex-
moribond de fils.

Autant la procession avait mis de lenteur à pro-
jeter, masser, pelotonner ses longues lignes sur la
place, autant son œuvre accomplie, elle mit de promptitude à se retirer, ou pour mieux dire à fondre. En
un clin d'œil, l'ostensoir et son dais, les prêtres et leur
clergé, les hauts fonctionnaires et leurs subalternes,
les écoliers et leurs mentors, les militaires et leur
musique, les vierges couronnées, les bambins pomponnés, les saint Jean, les agneaux, eurent rendu le
terrain libre à ses promeneurs habituels. Les ornements sacrés furent enlevés de l'autel, les tapis rele-
vés, les roses balayées.

Cependant le soir était venu. Les pavois des vais-
seaux, jusqu'alors flottillant au souffle de la brise,
pendirent mornes, faute d'air, et bientôt, rappelés
par un même signal, glissèrent au long des cordages.
Les hirondelles, un instant envolées par joyeuses
nuées dans le ciel, rentrèrent dans leurs nids. Les
tambours de la garnison battirent la retraite. Soldats,
passants et flâneurs, tour à tour disparurent. Et moi,
seul à ma fenêtre, le cœur débordant d'émotion, et
la tête de souvenirs, je demeurai longtemps encore
à contempler la mer, le ciel, les étoiles et toutes
ces splendeurs nocturnes qu'il semblait que les bénédictions du jour eussent rendues plus que jamais
immenses.

Deux mois après cette imposante cérémonie eut
lieu la fête du 15 août.

Je ne vous décrirai ni les salves d'artillerie, ni le
Te Deum, ni les distributions de secours. Ces pré-

ludes de la journée se règlent ici comme en France.

Les jeux ne commencent que vers trois heures, sur la place du Gouvernement. Déjà très piquants par eux-mêmes, ces vieux amis de la gaieté gauloise empruntent au mélange des races, à la bizarrerie des costumes, à l'accentuation des physionomies, un surcroît de haut goût et d'étrangeté.

Tandis qu'amateurs effrénés du baquet, les biskris se disputent la gloire d'être mouillés, trempés, lavés ; que les yaouleds plus agiles, mais non toujours plus heureux, opposent l'art inné d'une équitation fantastique aux rodomontades du tourniquet, une légion de nègres envahit la place. Un drapeau les précède avec cette devise : Vive la liberté, abolition de l'esclavage. Les uns frappent comme des possédés sur d'énormes tambours, les autres font choquer entre leurs doigts crochus des castagnettes de fer aussi grandes que des assiettes. Et puis, ils se mettent à danser, à sauter, à bondir, à tournoyer comme des énergumènes. Un vacarme à vous assourdir, un spectacle à vous ahurir.

J'avais déjà, l'hiver passé, vu quelques scènes de ce genre, aux lumières, dans une cour ; mais combien celle-ci me parut plus bizarre, plus diabolique, en plein soleil, au milieu de ce fourmillement aux mille nuances, de ce brouhaha aux mille clameurs ! Je suis bien sûr que dans la foule on n'eut pas trouvé dix gibus. Les habits noirs brillaient par leur absence. On ne voyait stationnant, grouillant, flottant, que burnous blancs, jambes nues, chemises bariolées,

calottes rouges, chapeaux de paille et feutres mous
de toutes couleurs.

Un changement d'exercice appelait-il l'attention
sur un nouveau point, il se faisait aussitôt des cou-
rants, des flux, des remous, des poussées étranges.
Les groupes se fondaient, les lignes se rompaient,
les cercles se brisaient pour s'aller reformer ailleurs.
Et le factionnaire turco, si ferme pourtant, si tenace
à la consigne, ne pouvait qu'à grand'peine discipliner
ces évolutions formidables.

Je n'avais encore jamais eu l'occasion d'assister à
l'assaut d'un mât de cocagne. Que de travail, de luttes,
de courage ! Il faut d'abord essuyer, dépolir le bois.
Il glisse, il se dérobe. Chacun y met toute sa force,
tout son génie, toutes ses loques. L'un risque son
mouchoir, l'autre sacrifie sa chemise. On s'entr'aide
d'abord, quitte plus tard à s'entrenuire. On fait la
courte échelle, on se grimpe sur les épaules, par
quatre, par cinq de hauteur. Et puis au premier
parvenu, qu'il ait gratuitement profité du labeur de
tous, qu'il les ait déloyalement surpassés, n'importe,
la foule admire et bat des mains. N'est-ce pas là la
vie humaine !

Il y eut le soir une illumination superbe. Des
aigles, des guirlandes, des lustres, des devises, se
dessinaient en lignes de feu tout autour de la place.
Les lampions, les verres de couleur, les lanternes
chinoises éclairaient nombre de fenêtres. La cathédrale, les mosquées et la plupart des monuments
publics présentaient un rare coup d'œil.

Le feu d'artifice ne laissa rien non plus à désirer. Ce festival pyrotechnique demande moins la prodigalité des pièces qu'un point convenable pour en jouir. A Paris, on vous refoule trop au loin, et vous ne voyez souvent que du feu, pardonnez-moi le jeu de mots, dans les plus beaux feux du monde. Ici, j'étais comme dessous, au milieu de cette vaste esplanade où se pressaient des masses de population. Les chandelles romaines, les ballons enflammés et les fusées volantes pleuvaient sur nous dru comme grêle, et par instants il semblait qu'on fût sur le bord d'un volcan. Le morceau principal représentait un palais mauresque entre deux palmiers. Mais ce qui m'a le plus frappé, ce sont des feux de Bengale bleus, blancs, rouges et verts qui, disséminés dans la montagne, répandaient un jour intense, mais singulier sur les spectateurs, et faisaient briller tour à tour, en des nimbes d'apothéose, les vieux murs de l'antique Alger, le Fort-Neuf, l'élégant marabout et les bosquets du jardin Marengo.

A huit heures, au son de deux orchestres servis par les musiques de la garnison, un bal populaire eut lieu sur la place, bal tumultueux s'il en fut jamais, plein de gaieté rebelaisienne. Il fallait voir ces entrechats, entendre ces lazzis : zouaves avinés dansant la tarentelle, négros débraillés tournant comme des toupies, gamins en haillons couvrant les saxophones de leurs cris. De la tribune où je m'étais posté, la place offrait un spectacle incroyable. C'était, au gré des comparaisons, une mer houleuse, une émeute, une bacchanale, un cercle de l'Enfer du Dante.

, Mais un billet reçu trois jours auparavant me conviait à des polkas moins turbulentes.

Chemin faisant pour y prendre part, je rencontrai, dans la rue Bab-el-Oued, la musique de l'infanterie qui sonnait la retraite. Trente spahis aux turbans blancs, aux burnous écarlates, l'éclairaient en portant des torches. Une foule épaisse suivait, et le cortége accomplissant, au milieu de bravos frénétiques, un itinéraire indiqué, tourna devant la cathédrale, longea la rue Napoléon, défila devant la statue du maréchal Bugeaud, descendit la rampe du Palmier, et regagna son gîte par la rue Bab-Azoun.

Mabille et le Château des Fleurs nous ont gâtés dans leurs fêtes de nuit. Il serait difficile, je crois, d'en surpasser l'éclat. Mais le jardin Marengo, avec ses arbres des tropiques, ses allées sinueuses, ses girandoles de lanternes s'accrochant au tronc bizarre des bellombras, se balançant dans le feuillage des dattiers, se distinguait par un cachet oriental inconnu sur les bords de la Seine.

Que vous dirai-je des toilettes, des dames, des rafraîchissements? Trois mots y suffiront : bon goût, gaieté, profusion. La Chaussée-d'Antin ne peut rien de mieux. Mais je dois appuyer sur un détail qui semble propre à la seule Algérie, la rare beauté des créoles. Toutes les Françaises nées sous ce ciel ont un charme de physionomie, une douceur de regard, une fraîcheur de carnation surtout, dont Catane elle-même, si fameuse pour ses jolies femmes, offrirait peu d'exemples.

On s'amusa toute la nuit, et l'aube seule eut raison du bal.

Il fallait voir alors se retirer lentement, deux à deux, trois par trois, les galants cavaliers et les jolies danseuses! Point de chapeaux, point de mantilles, point de parapluies; mais la tête découverte, les bras nus, l'éventail à la main, comme dans un salon; et salon vraiment que ce beau jardin, avec sa température de calorifère, ses lambris de feuillage et son plafond d'azur!

Et puis, dans les maintiens un aimable abandon, dans tous les yeux de doux regards, sur toutes les lèvres d'attrayants sourires. Que de secrets à deviner! que de romans à saisir au vol !

Je vous le répète, mon cher maître, Alger est la patrie du roman, ou du moins il en possède au plus haut degré la suprême essence, l'amour! « Les joies de l'amour, a dit un poète africain, qu'elles sont vives dans ce pays où la beauté du ciel vous enivre, où la fraîcheur de l'ombre vous trouble, où le chant des oiseaux est plus passionné qu'ailleurs, où l'humble cri de la cigale elle-même semble un refrain d'infatigable plaisir ! Qu'elles sont impétueuses et profondes au sein de cette végétation luxuriante, sur cette mer tranquille, dans ces plaines brûlées, sous ces marabouts frais! »

VII

LA CAMPAGNE

Si j'avais de la famille ici, quelques intimes, un simple compagnon, j'aurais voulu passer l'été à la campagne. C'est ce que font beaucoup d'Algériens même très occupés.

Vous connaissez cette existence amphibie qui consiste à ne rester en ville que les heures strictement dues au travail du bureau, pour vivre le reste du temps dans un cottage de banlieue.

Ces villégiatures saccadées entraînent à Paris de nombreux mécomptes. D'abord, il faut courir très loin pour trouver la campagne vraie. Tant de rues, tant de faubourgs à traverser! Les deux trajets, aller du matin et retour du soir, prennent alors les proportions d'un voyage. Et quel voyage! En voiture, vous êtes assourdi par le bruit du pavé, ou éclaboussé par la fange du macadam; il vous faut suivre un long, bien long boyau de rue que bordent, spectacle assommant, des maisons, des maisons, toujours des maisons. En chemin de fer, les préoccupations de l'exactitude vous assiègent une heure avant le départ, vous poursuivent une heure après l'arrivée. Moins de boue, mais plus de fumée; moins de maisons, mais des tunnels humides, sombres, inquiétants; une tranchée de mine, un soupirail d'enfer.

Vous perdez ainsi la meilleure partie de votre temps mignon.

Si le reste encore profitait toujours! Mais il faut dîner à la hâte; le jour baisse si vite! Et que de fois la pluie n'a-t-elle pas contrarié le petit tour de parc ou de jardin que vous vous promettiez de faire avant la nuit!

Vous demeurez alors au logis, non moins renfermé, non moins claquemuré, mais un peu moins commodément installé que dans votre appartement de la rue Payenne.

Les matinées sont fraîches; un épais brouillard les attriste souvent. La rosée ne sèche guère avant midi. Le bureau vous rappelle à dix heures. Ou, supposé

même un congé, des vacances, combien de fois, vu le
mauvais temps, ne devez-vous pas substituer aux dé-
lassements champêtres, le boston, le trictrac, ou, suprême déboire, le loto !

Ici, cher monsieur, la vie de campagne a, sans res-
triction ni interruption, tout ce qu'on peut humaine-
ment souhaiter. Proximité de la ville, trajet amusant,
végétation superbe, temps dont le seul défaut est la
trop constante sérénité. Le Frais-Vallon, Saint-Eugène,
la Pointe Pescade, la vallée des Consuls, El-Biar,
Mustapha, Hussein-Dey, Kouba, se trouvent presque
aux portes d'Alger, et l'on y peut choisir à souhait,
l'artiste une maison mauresque avec terrasse et colonnades ; le bourgeois une habitation française aussi
confortable que laide ; le personnage, une de ces villas
récemment construites où la grâce d'un style moitié
gothique et moitié byzantin ne le cède qu'à la per-
fection des aménagements. Tous sites à ravir. Ici des
pentes gazonnées, boisées, fleuries, qu'envierait la
Touraine ; là des rocs sourcilleux comme au fin fond
des Apennins ; la plaine du Hamma, un jardin en-
chanté ; la chaîne de l'Atlas, une écharpe d'azur ; la
mer enfin, la mer !

L'invasion de 1830 avait fort maltraité les vergers
du Sahel. Bien de hautes futaies, bien de nobles palmiers, bien des oliviers séculaires ont chauffé les
bivouacs et fait cuire la soupe de nos enfants terri-
bles de troupiers qui, venus pour venger un outrage,
étaient loin de se douter qu'en même temps ils fondaient une colonie. Mais aujourd'hui ce vandalisme

est en grande partie réparé. La sève a, sous ce ciel, une telle puissance que déjà les arbres plantés sous le gouvernement du maréchal Clauzel se confondent avec les contemporains de Barberousse.

Il faudrait avoir vu, pour se rendre bien compte d'un reboisement si soudain, le jardin d'Essai; les campagnes princières du Gouverneur, du général Yusuf, du comte de Gerson, sur les pentes de Mustapha; la villa Maïdin, auprès de Fontaine-Bleue; les cultures de M. Parnet, à Hussein Dey; la terre de M. Simounet, au pied des coteaux de Kouba; et cent autres, dont je ne connais pas les heureux possesseurs.

Votre honorable ami, M. de Toustain du Manoir, habite, au milieu des charmants vallons d'El-Biar, une propriété délicieuse. Il voulut bien m'y recevoir un jour.

La route est des plus agréables.

Après avoir franchi la porte du Sahel, on suit la crête de la montagne. Des buissons d'agaves et de cactus, des massifs de cyprès, des haouchs bien tenus, s'étendent sur la droite. A gauche se déploie, dans les bleuâtres profondeurs, l'incomparable panorama de la baie d'Alger.

On tourne bride auprès d'une jolie petite église, et l'on descend dans une voie romaine au-dessus de laquelle se recourbent et s'enchevêtrent une telle quantité d'arbres et de lianes, qu'on dirait un tunnel de verdure.

Contrairement à la plupart des habitations de ce vil-

lage qui, perchées sur des mamelons, semblent autant
d'observatoires, celle de votre ami ne s'aperçoit que
de près. Elle est comme enfouie dans une forêt vierge.
Une double rangée de caroubiers et de lauriers roses
lui sert d'avenue. Veut-on jouir du paysage, un réseau
d'allées pleines d'ombre vous mène à des points de
vue pittoresques. La santé et le bonheur m'ont paru
fleurir dans ce paradis.

Vous rappelez-vous un lieu romantique auquel j'ai
donné, pour nous reconnaître, le nom de *vallon des
Oublis-Utiles?* Il est dominé, sur le coteau qui fait
face au Champ de manœuvres, par deux grandes maisons d'architecture indigène. Un épais massif d'arbres
verts et de magnifiques cyprès font de cette demeure
un des plus charmants paysages que puissent offrir
les environs d'Alger. Combien de fois ne l'ai-je pas
dessiné! A l'aquarelle, au crayon, au fusain, vu de
bas, vu de haut, de face ou de profil, effet du soir
ou du matin, il figure dans mes albums en plus de
vingt croquis divers.

Un jour que je l'accommodais à l'huile, je vis
(chose fort rare en cet endroit solitaire), un particulier s'approcher de moi. Fort simplement vêtu, d'ailleurs, il avait dans l'air et dans l'attitude je ne sais
quoi d'imposant qui décélait le maître.

Il me vint tout à coup, et pour la première fois,
une idée qu'avait sans doute jusqu'alors empêché de
naître le mauvais état des clôtures, et même en certains points, leur absence absolue : je n'étais pas
chez moi.

— Monsieur, dis-je en saluant, pardonnez la liberté grande...

— Mais comment donc !.. L'excellent usage que vous en faites porte avec lui son excuse, et qui plus est, son droit. Allez, ne craignez rien ; brossez, lavez, frottez, et lorsque vous aurez assez de ces fouillis, montez à la maison ; peut-être y trouverez-vous des objets plus dignes de votre palette.

La crainte d'abuser m'aurait probablement fait négliger cette invitation si le hasard, ou plutôt un papillon, ne m'avait comme pris par la main. Je poursuivais ce volage lépidoptère dont les éclatantes couleurs promettaient un gain précieux aux collections de notre ami l'entomologiste, lorsque, de zigzag en zigzag, je me trouvai conduit à la porte des habitations dont mon ravin chéri forme la dépendance.

Un coup d'œil me suffit pour entrevoir, au delà de cette porte, quantité de jolis motifs. J'entre donc, et demande à parler au maître. Il vient, me reconnaît, et m'accueille avec courtoisie. Des rafraîchissements me sont gracieusement offerts, et nous visitons le domaine.

A voir, aux environs d'Alger, les derniers vestiges de l'opulence ottomane s'effacer chaque jour pour faire place aux bicoques de l'occupation française, j'étais loin de m'attendre à rencontrer encore un si riche modèle de l'architecture orientale.

Est-ce un Alhambra dans un Elysée? Est-ce un Elysée dans un Alhambra? Question difficile à résoudre, tant les arbres se mêlent aux appartements, tant les chambres regorgent de fleurs, tant végétations et constructions s'enchevêtrent, se lient, se marient bien ensemble.

Ici, des berceaux dont les ceps tortueux s'enlacent, noirs serpents, aux blanches colonnades ; là des touffes de clématite et de convolvulus qui flottent, longs rideaux, à l'angle des corniches. Mille rameaux épanouis de rosiers, d'hibiscus, de lauriers, de grenadiers, de paulonia, de myrtes, d'orangers, entrent par les fenêtres, pendent sur les terrasses, ou découpent au loin, sur le bleu profond de la mer et du ciel, la neige ou le carmin de leurs éclatantes corolles.

Des coupes, des bassins, des fontaines de marbre aux vasques débordant de plantes aquatiques, font jaillir au milieu des cours leurs jets d'eau fraiche et bruissante.

Il circule partout, en ces salons, sous ces arcades, en ces galeries, sous ces treilles, un air tiède, un souffle embaumé, dont le contact émeut, dont les parfums enivrent. On se sent plus jeune, plus artiste, plus tendre, plus heureux.

Il faut convenir que nos barbares, au sein de l'abrutissement dans lequel nous les avons trouvés, avaient cependant conservé pour l'aménagement de leurs habitations champêtres, un tact, un art, une poésie, que semblent ignorer la plupart des peuples modernes. Je ne sache pas en effet aux bords de la Seine, de la Tamise, de l'Elbe ou du Rhin, de villas,

de châteaux, de palais plus riants que les maisons
mauresques du Champ de manœuvres.

Jugez, après cela, si leurs fortunés hôtes doivent
y tenir et s'y plaire ! Ce ne sont certes pas ceux-là
qui fuiront jamais les étés d'Afrique.

Je connais un avocat, ou plutôt, comme on dit ici,
un défenseur, qui passe tous ses étés à la vallée des
Consuls. Il plaide cependant.

La vallée des Consuls est moins une vallée qu'un
plateau suspendu à mi-côte de la Bouzaréah. Deux
chemins y conduisent. L'un, carrossable tout entier,
zigzague aux flancs abrupts de la montagne, et passe
au pied de la nouvelle église de Notre-Dame d'Afrique. Si très peu d'arbres l'ombragent, une intermi-
nable série de beaux aspects l'enchantent. L'autre
chemin longe le rivage au milieu des bastides qui
rappellent en cet endroit les environs de Marseille.
Mais arrivé devant Saint-Eugène, il faut quitter la
voiture et gravir à pied des sentiers ardus, dont
néanmoins les grâces alpestres font, tout le temps,
oublier la raideur.

Mon homme occupe une maison mauresque au milieu du jardin le plus touffu de la vallée. Fanatique
de couleur locale, tout ce qu'on peut désirer en ce
genre, il l'a : cour entourée de galeries, colonnes
torses, balustre enluminé, bassin de marbre, poissons
rouges. Il voit le paysage à travers des fenêtres grillées comme dans les romans espagnols. Il lit le
Mobacher à l'ombre des térébinthes. Il mange des
bananes et boit du café maure.

Mais à tous ces plaisirs, il préfère la chasse. En-
tendez-le vanter la faune du Sahel et de la Mitidja!
Les cailles sont si grasses, leur vol est si pesant, elles
partent si près, qu'on en peut expédier jusqu'à cinquante et plus dans sa journée. Les perdrix, la chaleur les énerve à tel point, qu'elles s'endorment
dans les arbres où l'on n'a plus que la peine de les
tirer à bout portant. Le lièvre et le lapin pullulent
en beaucoup d'endroits. Des gibiers inconnus chez
vous, le raton, la genette, le chacal et même l'hyène,
varient les émotions du chasseur. Et pour peu qu'on
pénètre dans la province, on rencontre le gangas, le
flammant, le singe et l'outarde.

Qui ne croirait, les yeux fermés, à l'excellence d'une
campagne où se plaisent même en été, les horticul-
teurs! J'en ai rencontré plusieurs ici qui jadis gra-
vitaient autour de mon père, un maître comme vous
savez. M. Laffey, l'un d'eux, possède aux alentours de
Kouba une terre dans laquelle je suis allé le visiter
plusieurs fois.

La maison en est simple, mais commode, et magnifiquement située. Si je voulais peindre un tableau
d'Alger, c'est ce point que je choisirais. Le jardin,
vous devinez ce qu'il doit être entre les mains d'un
homme si versé dans l'art de la bouture et de l'as-
solement.

VIII

LE JARDIN D'ESSAI

Mais que parlé-je de culture, à deux pas de l'établissement agronomique le plus curieux et le plus beau de toute l'Algérie, le jardin d'acclimatation, vulgairement nommé jardin d'Essai!

S'il est intéressant pour la colonisation de voir, en outre des chemins nouveaux qui se sont ouverts depuis la conquête, les vieux sentiers arabes s'élargir et se niveler chaque jour, ce n'en est pas moins, au cœur de l'artiste, un chagrin réel que la disparition des vieux arbres et des grandes haies dont ces remaniements ont exigé le sacrifice.

Que reste-t-il maintenant des épais ombrages qui jadis bordaient la route du Hamma depuis le faubourg Bab-Azoun jusqu'à la maison Carrée? Un palmier devant la manutention, deux platanes à la porte d'un café maure, et quelques ormes auprès du Ruisseau.

Mais, ainsi que l'amour, la colonisation guérit d'une main les maux qu'elle a causés de l'autre. Pour un arbre détruit par sa faute, mille de produits par ses soins. Exemple : le jardin d'Essai.

Voulait-il, en se plaçant tout près des grands ormes et des beaux platanes que je viens de citer, se prévaloir adroitement de leur voisinage, ou plutôt leur jeter hardiment le gant?

Toujours est-il qu'il les a tellement surpassés en nombre, en vigueur, en magnificence, que ceux-ci ne semblent plus, auprès, que le frontispice, l'enseigne, les bagatelles de la porte.

Et de fait, aussitôt descendu de voiture, à peine a-t-on, d'un rapide coup d'œil, embrassé les divers tableaux qui font de cette station des Platanes un des endroits les plus piquants du Sahel, Mustapha d'un côté, le chemin ombragé de l'autre, ici le café maure, là le jardin d'Essai, que l'on se sent immédiatement attiré vers ce dernier.

Quel spectacle, en effet! Figurez-vous une immense

avenue de platanes qui, partant de la grille même de l'établissement, traverse le jardin dans toute sa longueur, et va, par une pente douce, aboutir au bord de la mer, dont on voit les flots bleus resplendir dans une trouée de feuillage.

La comparaison avec un berceau serait petite, mesquine, injurieuse. On dirait plutôt la nef d'une cathédrale, nef de cent pieds de haut et de mille mètres de long, avec une abside d'azur, des milliers de colonnes, des millions d'arceaux, et pour voûte un splendide vitrage au travers duquel les rayons, colorés de ces douces nuances qui rendent si mystérieux le demi-jour des temples gothiques, se jouent, se tamisent, se glissent, et vont retomber sur le sol en mosaïques de lumière.

Des bancs placés de distance en distance permettent de goûter, commodément assis, le charme de cette galerie forestière qu'embellissent encore, et parfument, deux rangs de rosiers du Bengale, dont les tiges toujours fleuries séparent le chemin des carrés et des pépinières.

Parcourrons-nous à l'aventure ce vaste domaine où le simple flâneur en aurait pour des journées d'amusement; ou bien le visiterons-nous avec la méthode et le soin que mérite son importance? Flâner est doux, étudier est utile. Si nous pouvions unir ensemble ces deux procédés en apparence si contraires!... Le proverbe latin nous prescrit d'essayer.

Il faut alors, avant d'aller plus loin, nous munir d'un billet qui nous ouvre l'entrée des carrés et des

serres. Autrement, nous risquerions fort de voir notre
promenade entravée par des écriteaux prohibitifs, ou
notre étude interrompue par le veto d'un surveillant.

A cet effet, la maison du concierge passée, nous
prenons, tout de suite à droite, une allée facilement
reconnaissable aux lataniers déjà grands qui la bordent.

Le latanier est, suivant moi, un arbre plus curieux
que beau. Ses feuilles, raides d'abord et palmées en
façon d'éventail, se renversent bientôt à quelque distance du pédicule, et pendent fanées et flétries comme
si la plante mourait. Ses jolies aigrettes de fleurs
jaunes, et ses régimes de fruits verts qui ressemblent
à des olives, compensent un peu ce défaut. Il n'est
pas d'ailleurs mauvais qu'un jardin, favorisé du ciel
le plus propice peut-être à l'acclimatation de toutes
les flores du monde, offre, à côté des sapins de Norwége et des peupliers de France, ces hôtes singuliers
des îles de la Sonde et de Madagascar.

Les bâtiments de la direction s'élèvent au fond
d'une cour assez froide d'aspect quoique brûlante de
soleil. Une fontaine d'un style sévère en forme le seul
ornement. Le rare cri de deux paons familiers, et les
jeux de quelques marmots, en troublent seuls le silence.
Il y a du bureau dans l'air. En effet, nous trouvons
bientôt, sous la voûte d'une galerie, des portes ;
entre les portes, des guichets ; et derrière les guichets,
de diligents employés penchés, la plume en main,
sur de volumineux registres.

Le permis s'obtient aisément. Il ne peut servir que

pour le jour même, et doit être remis, à l'occasion, aux jardiniers de rencontre.

Désormais, forts de nos droits, revenons au jardin, et commençons sous le ciel bleu, dans l'air embaumé, par les allées, à travers champs et plates-bandes, notre instructif vagabondage.

Ainsi que tout d'abord, à la grille d'entrée, s'offrit à nous la magnifique avenue des platanes, une splendide avenue de palmiers nous attend au sortir de la direction. Comme l'autre, elle descend jusqu'au rivage, et comme l'autre aussi, laisse voir, entre ses branches inférieures, une échappée de mer d'un bleu céleste.

Les premiers fûts, les chefs de file, de cette seconde colonnade, sont entourés d'un réseau de convolvulus dont les lianes semées de fleurs produisent un effet charmant. Je ne jurerais pas qu'entre les mille choses dont la beauté ou la nouveauté frappe ici le voyageur, ce détail ne fût un de ceux dont il emporte le plus poétique et le plus durable souvenir.

Mais si désireux que nous soyons de passer en revue ce régiment de rois empanachés, commençons par faire un détour qui nous les montrera tout-à-l'heure sous un point de vue plus royal encore.

Nous continuons, à cet effet, l'avenue de lataniers qui passe devant les bureaux, et bientôt s'offre à nos yeux, sur la droite, une colonie d'autruches.

Ces volatiles contemplés avec l'intérêt que mérite leur mine étrange et leur utilité domestique, poussons jusqu'au bout de l'allée, vers ces terrains que

d'importantes plantations couvrent déjà mais n'ombragent point encore.

Cette nouvelle partie de l'établissement en sera
bientôt la plus pittoresque. Ce qui la distingue surtout maintenant, c'est une adorable petite rivière
anglaise, avec ses rives sinueuses, son île plantée de
roseaux et sa nappe de lapis que tachètent de leurs
larges feuilles les nénuphars aux étamines d'or.
L'administration doit, paraît-il, grouper sur ses
bords, des massifs qui en rendront, pendant les chaleurs de l'été, le parcours aussi agréable que l'aspect.

Un autre projet, dont l'exécution même est déjà
commencée, c'est de tracer tout autour du jardin
un boulevard, ou chemin de ronde, accessible aux
voitures. Des arbres ombrageront ce périmètre carrossable qui deviendra bientôt, non seulement faute
d'autre promenade, mais aussi par attrait réel, le
rendez-vous favori des riches étrangers et de l'aris-
tocratie algérienne.

La lisière orientale du jardin est déjà, dans ce but,
préparée tout entière : terrain nivelé, chaussée des-
sinée, bas-côtés plantés d'arbres. On a choisi pour
cette section le *croton sebiferum*, vulgairement nommé arbre à suif. Cette essence, d'un feuillage analogue
à celui du peuplier indigène, croît très rapidement,
et promet au jardin un pourtour aussi grandiose que
les allées qui le traversent. Aux croton sebiferum
feront suite d'autres espèces, choisies entre les végétaux les plus luxuriants et les plus précieux, de
sorte que ce boulevard offrira dans toute sa longueur

une variété de verdures, de parfums et d'embran-
chements dont on se figure aisément le charme.

Il ne restera plus pour mettre cet Éden à la portée
des masses, que d'en faciliter le voyage. Les calèches
ne sont abordables qu'aux riches ; les omnibus causent
encore trop de dépense. Il faudrait que le trajet,
pour l'aller avec le retour, ne coûtât que trente à
quarante centimes. Le chemin de fer peut seul résoudre ce problème. On assure qu'il va l'essayer.
Une station déjà se construit au bas du jardin. Que
l'entreprise réussisse, et nous verrons bientôt ce coin
privilégié du Hamma devenir pour Alger un Hyde-
Park, un vrai Bois de Boulogne, avec ses cafés, ses
chalets, ses jeux, ses *dining-room* et ses *refresch-
ments-room*.

Nous attendrons, pour faire le tour du lac, le soleil
moins chaud de décembre, ou l'abri des massifs promis, et nous rentrerons dans la partie couverte, par
un des chemins les plus fameux de l'établissement,
l'allée des bambous.

Les chaumes arborescents de cette magnifique gra-
minée des Indes sont rangés par touffes des deux
côtés, s'élancent en gerbes compactes, et, se rejoignant
à leur sommet, forment comme une voûte ogivale,
très aiguë, dont les arcs-doubleaux ou nervures ne
mesurent pas moins de soixante pieds de hauteur.
Une ombre épaisse règne sous cet abri tapissé d'une
infinité de petites feuilles pointues, et si mobiles,
que le moindre zéphyr les fait frissonner et miroiter
comme des paillettes.

Tout arrête, tout étonne, tout amuse en cette avenue. La dureté des vieilles tiges qu'il suffit de frapper du doigt pour en tirer un bruit sonore, la grosseur des nouvelles que leur ressemblance avec l'humble asperge fait paraître encore plus monstrueuses, la forme des turions naissants qu'on prendrait pour des toupies renversées, enfin les débris satinés qui, pareils à des mitres d'évêque, jonchent le sol de toutes parts.

Pas plus au sujet des bambous que pour les autres végétaux, je ne veux aborder ici la question économique. Il n'en pourrait d'ailleurs sortir de mes mains qu'une fastidieuse compilation. Mieux vaut, je crois, vous renvoyer, pour les détails utilitaires, au catalogue de M. Hardy, l'habile horticulteur qui, depuis bien des années, dirige avec autant de succès que de zèle cette vaste administration.

L'allée des bambous croise, à mi-longueur, celle des palmiers. Rien de plus insolite que le petit carrefour qu'elles forment. Où sommes-nous ? Au Brésil ? Au fond de l'Inde ? Il ne manque vraiment, pour compléter l'illusion, qu'un troupeau d'éléphants ou de rhinocéros. Mais ces palmiers surtout, quelle grâce, quelle noblesse ! On leur donnerait cent ans, ils en ont à peine dix-sept. Avec leurs troncs droits et rayés de spirales régulières, on les prendrait pour des colonnes torses. Leurs panaches, entre lesquels brillent des gerbes de fleurs et des régimes de fruits dorés, ont l'air de chapiteaux gigantesques. Bref, si nous comparions tout à l'heure l'allée des platanes au vaisseau d'un temple chrétien , celle des palmiers nous produira l'effet d'un péristyle asiatique.

L'avenue des bambous nous ramène à l'allée des platanes, et l'allée des platanes rencontre, en descendant vers la mer, une troisième allée que bordent alternativement deux plantes exotiques : le chamœrops excelsa et le fourcroya gigantea.

A l'acclimatation des plantes se joint ici celle des animaux. Les enclos qui les parquent et les toits qui les couvrent se montrent çà et là de chaque côté de l'allée.

Cette ménagerie, quoique de création toute récente encore, compte déjà plusieurs familles destinées à rendre de grands services à l'économie domestique. Ce sont des alpacas, des lamas, des gazelles, des casoars, et notamment des zébus, espèce de bœufs bossus comme des chameaux et particuliers à l'Inde et à la Haute-Égypte.

Dans cette partie du jardin, les pépinières moins boisées permettent au regard d'embrasser à la fois, sur la pente du Sahel, tout le terrain dont l'établissement s'est depuis peu d'années agrandi : vingt-quatre hectares environ de montagnes. Une vaste habitation mauresque en occupe le centre, à mi-flanc de la colline, et les plantations de cyprès, de pins et autres essences alpestres qui l'ornent, montent non-seulement jusqu'à la crête, mais redescendent de l'autre côté, pour rejoindre l'Oued-Knis, au fond du ravin de la Femme-Sauvage. Un chemin qui déjà, par des pentes adoucies, conduit du café maure au haut du mamelon, doit atteindre bientôt la jolie route du ravin. Précieuse ressource pour les amateurs de ce site champêtre. Ils pourront varier au moins l'éternel embranchement du Ruisseau.

Utilisons maintenant notre carte, et pénétrons dans les carrés.

Le premier qui se trouve à droite, en remontant l'avenue des palmiers, est rempli de futaies sous lesquelles, loin de languir, l'intérêt ne peut qu'augmenter. Plus rien de nos arbres du Nord. Partout autour de nous des branches, des feuillages, des fleurs étranges, inaccoutumées.

C'est là qu'il me serait aisé de faire à vos dépens de l'érudition gratuite ! Chaque sujet porte son nom sur une étiquette de bois. Mais quel plaisir pourrait causer à votre esprit, quelle image lui présenter ces vocables bizarres : *citharexylon, heteropteris, schinus terebinthifolius, gravillea robusta, pittosporum angustifolium ?*

Les parties réservées qui s'étendent sur la gauche sont plus considérables encore. On y voit, classés par espèces mais non sans grâce et désinvolture, les musacées aux larges feuilles, les agavés, vraies panoplies ; les cactus aux enlacements monstrueux ; et puis, au-dessous, les aloës, les mésembrianthèmes aux fleurs diversement nuancées, les gasteria, les aprica, les kleinia, les ceropegia, et mille autres variétés de ces plantes grasses qui ressemblent moins à des végétaux qu'à des bêtes fantastiques.

Mais plus que les arbustes rares, les grands sujets

m'ont toujours attiré. Quittons donc, s'il vous plaît, ces populations naines ou rampantes, et courons vers le colosse qui domine toute cette partie du jardin.

C'est un bellombra, réfutation vivante et triomphante s'il en fut jamais, de toutes les calomnies dont les Algériens se sont plu trop longtemps à poursuivre ce beau phytolaque. « Un vil chou, disaient-ils, sans plus de durée que de consistance. » J'ignore depuis combien d'années existe celui-ci, mais on le croirait centenaire, et loin de vouloir dépérir, il semble avoir embrassé, pour l'éternité, le ciel de ses rameaux et la terre de ses racines.

On l'accusait encore de frapper, autour de lui, la terre de stérilité. Eh bien, c'est précisément à son ombre que croît le plus vigoureux massif du jardin. Bambous, dattiers, figuiers, poivriers du Brésil, s'y pressent à l'envi. Les lianes, loin de le fuir, escaladent comme des serpents sa cime aérienne, et la mêlent de fleurs et de fruits parasites.

Dépérissent-ils aussi, ces deux maîtres mûriers qu'on a couverts d'une volière immense? Un fier nocco de l'Amérique du Sud, avec son plumage d'ébène et son bec jaune comme du soufre, en est, pour l'instant, l'hôte unique; mais sitôt que l'on voudra bien en faire la dépense, il y a là de quoi loger des centaines de volatiles.

Un rapide coup-d'œil aux serres. Très intéressantes sans doute au point de vue commercial, elles sont loin d'offrir l'aspect décoratif qui distingue celles du Nord.

Tandis qu'il s'agit là d'étonner et de plaire par l'imi-
tation plus ou moins réussie de massifs méridionaux,
ici, dans ce climat privilégié qui leur permet de vivre
en plein air, les serres, ces fabriques, ne peuvent avoir
d'autre but que la multiplication forcée des sujets.
Aussi n'ont-elles à nous montrer que les diminutifs,
prosaïquement empotés, des types qui nous ont char-
més durant le cours de notre promenade.

On ne peut, en été surtout, quitter le jardin sans
faire une pause au café maure. Tout y convie : d'un
côté, la fatigue qui résulte nécessairement d'une pareille expédition ; de l'autre, l'aspect de l'établissement si pittoresque avec sa koubba, sa fontaine et sa
galerie, sur lesquelles se joue l'ombre mobile des
platanes.

Il y a là des banquettes pour s'asseoir et des nattes
pour s'accroupir ; du café brûlant, du thé suisse et -
de l'eau fraîche à volonté. La tasse d'une main et la
cigarette de l'autre, on regarde passer, à l'ombre
des jeunes rameaux de l'eucalyptus globulus, arbre
australien d'immense avenir, les calèches, les cavaliers, les amazones, les piétons, les chameaux et les
omnibus qui font de cette route une vraie lanterne
magique ; jusqu'à ce qu'enfin rappelé par l'heure,
plutôt que chassé par l'ennui, on reprenne le chemin d'Alger.

IX

LA JOURNÉE D'UN PARTICULIER

Il faudrait avoir vécu la vie de chacun pour connaître tous les moyens de satisfaction que peut fournir
Alger pendant l'été. Aussi me bornerai-je à vous faire
le récit d'une de mes journées. *Ab uno disce omnes.*
Peut-être y trouverez-vous des détails sympathiques.
Et voyant quel bon lot a su tirer un individu venu
seul, inconnu, désœuvré, maladif, il vous sera facile

d'imaginer le sort que ce pays réserve à qui l'aborde avec de la famille, des amis, des intérêts, de la santé.

Je dors les fenêtres ouvertes. Ce sommeil en quasi-plein air qui serait, je suppose, fort dangereux à la campagne, n'offre, à la ville, nul inconvénient. Les habitations, chauffées de reste tout le jour, y sont trop serrées les unes contre les autres pour que la fraîcheur des nuits puisse sensiblement les atteindre.

Le matin donc, nulles persiennes à pousser, nuls rideaux à tirer, nul mal à se donner pour jouir à pleins yeux du spectacle si beau de l'aurore. Je m'éveille à la douce clarté de ses premiers rayons, au toucher délicat des fraîches brises qu'elle apporte, aux cris joyeux des hirondelles qui la saluent en voletant par milliers dans les airs. Calculez sur l'esprit, sur l'humeur, sur le tempérament, les effets de semblables préludes ! Une journée peut-elle être mauvaise après !

Les premiers instants du matin, je les donne à ces menues affaires, à ces loisirs, à ces riens qui sont plus véritablement le travail et le bonheur que nombre d'occupations et de jouissances trop vantées. Vous devez en savoir quelque chose. On note ses impressions de la veille, on met en règle sa correspondance, on taille des crayons pour le croquis du jour. On médite un article, on moule une copie. On va, vient, fait cent tours, passant ici la revue des dessins fixés à la muraille, arrosant là des fleurs, consultant un miroir pour le nœud de la cravate, ou regardant par

la fenêtre le mouvement de la population déjà très
curieux à cette heure.

La toilette, soin toujours ennuyeux pour qui ne
comprend rien aux joies de la fashion, marche pendant ce temps, et l'on est quelquefois tout surpris de
se trouver chaussé, lavé, coiffé, vêtu de pied en cap,
sans l'avoir fait exprès.

Il est sept heures environ quand je sors. Vous me
voyez de là-bas : le large chapeau gris, le pantalon
blanc, l'habit couleur mauve, très pâle (on brave ainsi
plus impunément le soleil), la canne à la main, la
cigarette aux lèvres, un album, une brochure, un
manuscrit dans la poche. Le bon moment ! Je ne me
rappelle pas avoir une seule fois descendu l'escalier
tristement. Quelles appréhensions, quels mécomptes,
quels chagrins ne céderaient ici devant le prestige
d'une matinée d'été ! N'en déplaise à messieurs les
gourmands, les voluptueux, les ambitieux, les su-
perbes, il y a pour certaines organisations quelque
chose de plus enivrant que le vin, les femmes, la
richesse ou la gloire, c'est un ciel bleu, avec un air
doux, et l'indépendance.

Je traverse à pas lents, l'œil au guet, en observateur, la place du Gouvernement et les arcades de la
rue Bab-Azoun. Quelques types nouveaux sont exa-
minés, quelques visages connus salués, quelques amis
complimentés. Je ne crois pas qu'il existe au monde
de ville où l'on se crée plus aisément qu'ici des relations. Il suffit que vous ayez une fois allumé votre
cigare à celui d'un particulier, causé quelques minutes

avec un voisin sur les chaises, pour que ce soit une connaissance. Avec une connaissance, on connaît toute la ville. Il paraît y régner une homogénéité digne des âges patriarcaux. J'ai vu dans la rue, les dignitaires les plus décorés, les dandys les mieux pomponnés, frayer avec des gens dont le mérite se cachait sous un habit plus que modeste.

Lorsque je suis de quelques minutes en avance, je fais volontiers une fugue au marché. Il est situé sur la place de Chartres, en contre-haut de la rue Bab-Azoun. On y monte par un escalier dont les marches sont continuellement encombrées par une foule d'individus, les uns rôdant autour des magasins qui les bordent, les autres stationnant, fumant, jouant aux cartes dans la poussière. Ce sont, les premiers, des passants, des soldats, des galopins; les seconds, des commissionnaires n'ayant pour tout vêtement qu'une longue chemise aussi sale et trouée que possible, et pour tout gagne-pain qu'une couffe destinée à recevoir les objets qu'on leur donne à porter.

Le marché n'est pas couvert; et l'on n'a, s'il vient à pleuvoir, d'autre refuge que les galeries qui l'entourent. Mais pleut-il jamais en été! Quant au soleil, l'ombre de quelques maisons basses et le feuillage de deux maigres saules pleureurs sont seuls chargés de vous en garantir. Mais le matin de bonne heure, ces abris suffisent. Une fontaine assez jolie occupe le milieu de la place. Les marchands sont rangés en lignes parallèles, non si régulièrement toutefois, que l'œil ne puisse trouver çà et là des scènes de ce beau dé-

sordre si cher à l'artiste : paniers trop pleins qui se
renversent, agents qui saisissent des fruits gâtés, portefaix qui se disputent, chiens qui se battent, caouadji
qui circule, la pince à feu dans une main et la tasse
de café dans l'autre.

On peut bien dire que toutes les races du monde
et toutes les productions de la terre sont représentées
en cet étroit espace, depuis le nègre du Soudan jusqu'au Samoiède de la mer Glaciale, depuis le coco
des tropiques jusqu'à la pomme de pin des forêts sibé-
riennes. Le public, chalands, vendeurs, parasites, fu-
sionne à l'envi : le colon avec le Bédouin, la redingote avec le burnous, le châle avec la gandoura.
Mais les denrées sont autant que possible rangées par
espèces. Les fleurs à droite, les œufs et le fromage
à gauche ; ici les grains, là la verdure ; les fruits
d'un côté, les légumes de l'autre.

C'est autour des fleurs que l'on flâne le plus volontiers. Tout vous y attire de prime abord : l'odeur,
l'aspect, la compagnie. Si quelque noble dame en
effet, quelque élégant cavalier, quelque gentille don-
zelle, affronte les éclaboussures et les bousculades du
marché, ce n'est guère en général que pour y faire
emplette de bouquets.

Ces bouquets sont de plusieurs sortes : les simples,
dont nul art n'a groupé les fleurs ; les composés, où
des cercles de roses, de réséda, d'héliotrope, conver-
gent autour d'une tubéreuse ou d'un magnolia central ;
et les bouquets arabes auxquels suffit une poignée de
violettes ou de cassies entourées de feuilles de géra-

nium. Quant aux chapelets d'églantine et de jasmin, dont les Maures aiment tant à s'orner les oreilles, ils font l'objet d'un petit commerce ambulant.

On aurait beau passer des années à Alger, qu'on ne pourrait se lasser d'admirer certains produits du sol. Les pommes de terre, les piments, les cédrats, les raisins, sont d'un volume prodigieux. Il y a des melons de toute taille et de toute couleur. Je suis, un jour, tombé comme en extase devant des bottes d'ognons et des paquets de raves.

A ces comestibles, dont le type nous est, du moins, connu, se mêlent des végétaux singuliers, mystérieux, hyperboliques : des gombauds, sorte de capsule cotonneuse recherchée des indigènes qui, paraît-il, la mangent en salade; des pommes de merveille (un savant m'en a dit le nom : *momordica balsamina*), fruit rugueux d'un jaune éclatant, avec des grains améthystés qui servent à fabriquer un remède contre les piqûres ; enfin des figues de Barbarie en telle quantité qu'elles tiennent au moins le quart de la place.

Les Algériens accusent pour la figue de Barbarie un goût non moins vif que les Anglais pour le pudding, les Allemands pour la choucroûte, les Provençaux pour l'ail, et les Italiens pour le macaroni. Comme elles sont d'un transport et d'un dépouillement assez difficiles, vu leurs aiguillons, on les mange ordinairement sur place, devant l'établi même du marchand, qui vous épluche et présente successivement, avec adresse et promptitude, les dix ou quinze fruits auxquels donne droit la modique somme de cinq centimes.

Si le yaouled et le journalier espagnol forment la principale clientèle de ces débits populaires, l'élégante et le gandin créoles s'en passent aussi volontiers la fantaisie. J'ai vu plus d'un porte-monnaie de chagrin à fermoir doré s'ouvrir pour acquitter le prix d'une consommation qu'on ne songeait même pas à dissimuler. Estimable franchise !

Pleine d'une eau fraîche et limpide, mais médiocrement savoureuse, la figue de Barbarie possède, assure-t-on, des vertus opportunes en ce climat débilitant.

Je vous ai déjà dit par quel singulier traitement les médecins m'ont guéri d'un spleen aussi noir qu'opiniâtre ; ils m'ont fait faire de la gymnastique, mais là, rudement, indéfiniment, comme un bateleur. Le superbe régénérateur de l'homme, Triat, le grand Triat, vous l'attesterait au besoin. C'est à ses cordes lisses, à ses trapèzes, à ses haltères, que j'attribue en partie le retour de santé dont je jouis à cette heure. Aussi, pour éviter des rechutes probables, me suis-je imposé l'habitude d'exercer tous les jours un peu l'appareil musculaire.

Alger n'a pas de gymnase public. Je crois même qu'il serait fort difficile d'y trouver d'autres instruments que les barres et les trapèzes établis pour les collégiens dans une petite cour écartée du lycée.

La protection de M. de Toustain, et l'obligeance du proviseur, m'ont valu l'entrée de cette cour. C'est là

7

que je me dirige après la visite du marché. Les élèves
sont en recréation. Je passe au milieu de leurs jeux ;
je traverse leur quatre coins, et coupe leur cheval
fondu.

Il ont paru d'abord très étonnés de me voir ainsi
m'enfermer tout seul dans leur petite cour. Les plus
curieux se mirent aux écoutes, entre-bâillèrent la
porte, et finirent par me surprendre au milieu de
mes cabrioles. Émoi, stupéfaction. On me supposa des
prétentions à l'emploi de gymnasiarque. Le titulaire
même, je l'ai su plus tard, en conçut quelque crainte.
Mais bientôt la vérité se fit jour ; et maintenant, loin
d'exciter la moindre défiance, je ne passe plus sans
qu'une demi-douzaine de mains, tant de maîtres que
d'élèves, viennent serrer la mienne.

Aimables écoliers ! que ne puis-je reprendre avec
vous l'uniforme et la camaraderie de Louis-le-Grand !
Je n'ai plus votre âge, soit ; mais j'ai votre jeunesse
encore.

X

LA MUSIQUE MILITAIRE

Après vingt minutes environ d'exercice, je me rends à la caserne.

Au collége! à la caserne! Vraiment, si je me bornais à vous dire, sans l'expliquer, l'emploi de mon temps, vous ne sauriez plus, cher monsieur, que penser de votre ami. Mais pour s'avouer peintre amateur, et gribouilleur humoristique, il n'en réserve pas moins tout entier son caractère d'animal raisonnable.

Vous connaissez les tristes circonstances qui m'ont ravi, dès l'âge de vingt ans, cette élasticité du tympan indispensable pour jouir de la musique de théâtre et des orchestres de salon. Depuis lors, adieu les brillants opéras, adieu les tendres symphonies, adieu ces récréations de l'oreille qui trompent le chagrin et doublent le bonheur! Insensible, ou peu s'en faut, au gazouillement délicat du violon, du piano, de la guitare et de la flûte, l'ouïe, chez moi, n'est plus apte à saisir et goûter que la voix retentissante des instruments de métal.

Pour comble de disgrâce, ce débris de faculté ne trouvait à Paris que de rares satisfactions. On y fait bien de la musique militaire; mais quand? à l'heure du dîner; mais où? nul n'en sait jamais rien. Aussi n'avais-je plus guère entendu, depuis ma sortie du collège jusqu'à mon débarquement sur cette rive fortunée, que des trompes de conducteur et des orgues de Barbarie.

Jugez donc de ma joie lorsqu'en abordant pour la première fois la place du Gouvernement, j'y trouvai plus de quarante cuivres rangés en cercle et faisant vibrer l'air de leurs retentissants accords! Finie la privation, déjoué le malheur! Des mélodies, des passages, des airs entiers, que j'avais à la longue oubliés, remplirent mon oreille d'enchantement et mon cœur d'heureux souvenirs.

Jugez en outre de mes transports, lorsque j'appris

que la musique avait ainsi lieu tous les jours, alternativement exécutée par la ligne, l'artillerie, les chasseurs et les zouaves.

Incontestablement, la douceur du climat, la beauté
des horizons, le charme de l'indépendance, sont pour
beaucoup dans les motifs qui m'attachent à ce pays,
mais nul doute que la récupération des plaisirs les
plus fins de l'ouïe n'y entre également pour une
large part.

Vous pensez bien que dès lors je n'aie plus voulu
manquer un seul de ces concerts providentiels. Arrivé
le premier, toujours au premier rang, j'en partais le
dernier. Mon assiduité fut remarquée par les chefs
de musique. L'un d'eux voulut même bien un jour
m'en complimenter. Le reste se devine. Nous cau-
sâmes entre les morceaux. Rien ne lie plus vite les
gens que la similitude des goûts. Ma prédilection
pour les cuivres devait toucher particulièrement un
homme voué dès son enfance au culte du sax-horn.
Il me proposa d'assister à ses répétitions du matin.
C'était, vous comprenez, le plus grand service qu'il
pût me rendre.

Je ne perdis pas un seul jour pour répondre à son
obligeante invitation. Je ne connaissais encore des
casernes que la façade, et cette perspective était peu
de nature à me les faire aimer. L'intérieur me plairait
mieux sans doute. J'entre. On me donne un planton
pour guide. Je traverse une vaste cour; des soldats y
pansaient leurs chevaux. Je monte un escalier tournant, et me voilà dans la chambrée. Les musiciens,

rangés en cercle au fond, mettaient en préludant leurs instruments d'accord. Leur chef me voit, m'accueille en camarade, et m'offre, pour m'asseoir, un lit.

Le spectacle d'un casernement ne manque pas, comme nous disions à l'atelier, de cachet. Soixante lits environ meublent la pièce. Ils y sont rangés sur deux lignes, la tête contre la muraille. Deux espèces de chenets de fer et trois planches en forment le châlit. Le reste, draps, traversin et matelas, dont la nuance quelquefois pourrait laisser à désirer, disparaît sous une bonne couverture grise qui donne à l'ensemble un air de confort et de propreté. Au long des murs courent des rayons sur lesquels les effets sont méthodiquement disposés : sacs, souliers, habits, fourniments. A de gros clous pendent les sabres, les gibernes, les fourragères.

Mais ce qui caractérise la chambrée des musiciens, ce sont les instruments. Trompettes, trombones, pistons, sax-trombas, saxophones, sax-horns, cloches, tambours, timbales, castagnettes, on en voit partout, sur les lits, sur les planches, aux murailles, jusqu'au plafond. Les fenêtres donnent d'un côté sur la cour, de l'autre sur la mer. Un soleil resplendissant, des jours pleins de reflets, éclairent le tableau, frappant ici la bande écarlate d'un pantalon, faisant briller là des boutons de veste, accrochant une lumière à la poignée d'un sabre, ou laissant discrètement dans l'ombre un soldat qui s'habille. Avis aux peintres de genre.

On commença par jouer l'ouverture de *Guillaume Tell* qui figurait au programme du soir. Déjà dehors j'entendais presque bien ; j'entendis parfaitement dans la caserne. Les murs y sont d'une sonorité remarquable, et l'on peut à loisir s'approcher des virtuoses. J'avais craint d'abord que les interruptions, les reprises, les tâtonnements, ne détruisissent en partie l'agrément que je m'étais promis. Mais loin de là ; des répétitions dites de détail avaient depuis longtemps débrouillé la matière, et tout marcha le mieux du monde. L'exécution favorisée par le négligé du costume et l'absence de ce public dont une moitié gêne et dont l'autre intimide, me parut même supérieure à celle de la place.

Inutile de dire si je manquai désormais une seule de ces excellentes répétitions. Elles ont lieu tous les matins et durent à peu près deux heures, douces heures, dont pourtant j'ai trouvé moyen d'augmenter encore le charme. Il est rare, en effet, que je n'aie pas quelque lecture en train, quelque composition sur le métier. J'apporte mon ouvrage. La musique éveille l'idée, la pare, l'enrichit ; l'idée, réciproquement, anime la musique, l'explique, la complète. Le roman semble plus touchant, et la symphonie plus mélodieuse.

Mes virtuoses ont adopté un petit chien noir qui, loin d'accueillir comme ses congénères la musique par des hurlements, semble au contraire possédé du plus ardent dilettantisme. Il ne manque pas une seule répétition, il assiste régulièrement aux concerts de la place, et suit obstinément ses maîtres partout où leur service les envoie, à la parade, au bal, à l'église. Vienne la guerre, il y sera. Je me prends quelquefois à rire en songeant que moi aussi je suis un peu devenu, à l'exemple de leur petit chien, le satellite de ces braves gens. Ils n'exécutent plus guère de morceau que je n'accoure pour l'entendre.

Ce zèle me vaut quelquefois des parties délicieuses.

Un soir, par exemple, je fus averti que la musique irait, le lendemain matin de très bonne heure, accompagner de ses accords l'exercice à feu sur la plage d'Hussein-Dey.

Levé comme toujours à l'aube, je me rendis au carrefour Bresson et trouvai, devant le théâtre, un omnibus au nom baroque qui ne mit guère plus d'une heure pour compléter son chargement et se décider à partir.

Je connaissais déjà les beautés de la route pour l'avoir explorée vingt fois en hiver; mais qu'elle était encore plus pittoresque et plus riante en cette fraîche matinée d'un radieux jour de juillet! Les verts coteaux de Mustapha, les villas mauresques du Telemli, les hauts platanes du jardin d'Essai, la coupole orientale du Grand-Séminaire, les pentes marbrées de l'Atlas, offraient, dans la vapeur ténue qui les voilait encore, un tableau dont il serait difficile d'imaginer la beauté. Du reste, il n'est paysage si laid que ne puisse embellir l'aurore.

Je trouvai l'école installée sur cette vaste lande

que forme, de ses alluvions, l'Harrach à son embou-
chure. Les canonniers étaient à leurs pièces, servant,
chargeant, braquant, pointant, faisant feu. D'épais
nuages de fumée, bleuâtres à leur centre et frangés
sur leurs bords des plus riches nuances, s'arrondissaient, s'allongeaient, se repliaient, se déchiraient,
s'éparpillaient dans le ciel pur. Les boulets et les
bombes décrivaient leurs courbes rapides, et s'en
allaient creuser au loin le sable jaillissant en gerbes
de poussière. Le but placé, me dit-on, à huit cents
mètres, témoignait, par de fréquentes avaries, l'habi-
leté de nos artilleurs. Et simultanément, à quelques
pas derrière la batterie, dans un champ de géraniums
en fleur, la musique exécutait les plus jolis morceaux
de son répertoire.

Un autre jour eut lieu l'école en mer.

Réveil plus que jamais à l'aube, toilette sommaire,
et pas accéléré vers la voûte de l'Amirauté, pour
attendre, au passage, mon complaisant introduc-
teur.

Alger, vu d'un peu loin, par un beau lever de
soleil, quelle étrangeté, quelle magnificence! Les
lumières sont du rose des fleurs de pêcher, les ombres du bleu des violettes de Parme. Les lignes blai-
reautées par l'air et la distance ne sautent plus aux
yeux, et la dernière chose à laquelle pourrait ressem-
bler ce fantastique amphithéâtre échiqueté de couleurs
tendres, c'est précisément une ville.

Mais les soldats sont arrivés. Grimpons sur un
ouvrage plus ou moins à cornes, en vue des pièces

qu'on apprête, et des cibles qui semblent au loin, dans la plaine argentée des flots, deux nénuphars blancs sur leur tige.

Près de nous fleurissent, charmant le regard et parfumant l'air, mille plantes cultivées dans ces petits jardins, bâche, pot, caisse, tonneau, marmite, dont l'homme astreint à vivre loin des champs, aime à s'entourer.

Le ciel avait cette sérénité, l'atmosphère cette douceur, qui favorisent sans relâche nos étés d'Algérie. L'orchestre du régiment exécutait un des vingt chefs-d'œuvre de Meyerbeer, la *Marche aux flambeaux*.

Tout-à-coup le feu commence. Un premier boulet part avec fracas. De l'œil on en suit le vol. Il plonge dans la mer à côté de la cible, et fait jaillir au ciel une immense colonne pulvérisée, puis une autre bien loin de là, puis une autre encore, et puis une autre, et puis une autre, jusqu'à douze et quinze. On dirait une procession de cachalots souffleurs, ou bien les grandes eaux de Versailles, ou bien encore une rangée de peupliers saupoudrés de givre. Je n'avais jamais vu ce singulier phénomène des ricochets ou des rebondissements du boulet sur la mer, et j'en fus vraiment émerveillé. O Parisiens qui croyons tout savoir !

Le but incessamment touché, fut trois fois culbuté dans l'espace d'une heure.

Cependant, assis près du timbalier, le petit chien noir, mon fidèle émule, ne semblait pas moins se complaire au bruit du canon qu'aux symphonies de ses quarante maîtres.

Après la répétition de musique, le déjeuner ; après le déjeuner, les journaux au cercle d'Alger, l'endroit le plus frais de la ville. Il y a surtout un petit boudoir tapissé de perse à bouquets roses où l'on pourrait se croire dans un chalet, au bord d'un lac de Suisse. La brise de mer y souffle sans interruption ; le jour y est de la teinte azurée des lointains; un carrelage en marbre blanc, des portes formant courant d'air, y maintiennent constamment la température à deux ou trois degrés plus bas que dans les autres pièces. Et puis la *Presse* et le *Moniteur* sont là qui vous disent, à leur bulletin météorologique : Bordeaux, couvert; Paris, pluie; Londres, brouillard. Si le malheur d'autrui vous apitoie, qu'il vous fait mieux comprendre aussi votre félicité !

XI

ÉTUDE DE MŒURS

· Je vais quelquefois, vers midi, faire un tour dans les tribunaux. La correctionnelle est souvent très drôle, et la cour pleine d'intérêt. Au fond de la plupart des affaires criminelles arabes, se trouve un drame saisissant, et les assises ou les conseils de guerre d'Algérie ont tous les jours à juger des causes dont les détails, s'ils étaient exploités par la littérature, feraient pâlir bien des romans qui passionnent le monde. Un exemple entre mille.

La scène est au conseil de guerre d'Oran. Taïeb comparaît pour avoir coupé le nez, la main gauche et deux doigts de la main droite, à sa jeune épouse Fathma, âgée de seize ans à peine. Taïeb est un homme de haute taille, au regard froid et presque féroce. Il semble convaincu que l'acte barbare qui l'amène devant notre justice est légitime pour tout vrai musulman. Peu lui importent les lois des infidèles ; notre châtiment pourra l'atteindre, mais non le convaincre. Il répond avec un calme qui tient du cynisme aux questions du président :

« Je m'appelle Taïeb. J'ignore mon âge ; on dit que j'ai trente ans. Je demeure au douar Fouanis où j'exerce la profession de fellah.

« Vous me demandez ce que j'ai à dire pour ma défense ? Rien. Le 4 juillet, j'ai coupé le nez et la main gauche à ma femme parce qu'elle me trompait avec mon neveu Bel-Aïd. Voilà ! J'ai voulu me venger.

» Je les avais par trois fois surpris seuls dans ma tente. La première fois, je leur fis des reproches et défendis à mon neveu de venir chez moi. La seconde fois, je ne pus les atteindre ; ils me virent de loin et se sauvèrent chez ma sœur. Ma femme avait sa ceinture défaite. La troisième fois, je menaçai Fathma de la tuer. Elle me répondit avec énergie : Frappe-moi, si tu veux, mais j'aime Bel-Aïd.

» A partir de ce moment, je ne doutai plus de

mon déshonneur. J'étais obligé de travailler à mes moissons. Mon frère qui aurait pu veiller sur ma tente, était aussi occupé en dehors du douar. Je réfléchissais nuit et jour à ce que je devais faire. Je me demandais s'il fallait me tuer ou tuer ensemble les deux coupables. Je me décidai enfin à donner une bonne correction à ma femme.

» Le 4 juillet, elle me proposa d'aller laver de la laine à trois quarts d'heure du douar. J'acceptai et nous partîmes.

» Il fait très chaud, lui dis-je après avoir marché quelque temps ; si nous nous reposions à l'ombre ?

» Je l'attirai ainsi dans un gourbi abandonné ; j'étendis mon burnous sur le sol, et par de douces paroles je la décidai à se coucher ; puis faisant semblant de la caresser, je lui pris les mains et les lui attachai avec son foulard.

» Ma femme alors commença à être un peu inquiète ; elle se leva, mais je la recouchai de force.

» S'imaginant que je voulais seulement la battre, elle se rassura et me dit : Tu fais bien de prendre les devants, parce que je t'aurais fait tuer.

» Ces paroles m'irritèrent tellement que je lui coupai le nez et le poignet gauche avec le couteau que je porte toujours sur moi.

Je voulais ainsi la défigurer et la mettre hors d'état de travailler. Je savais qu'alors ma vengeance serait complète, car j'étais sûr que dans cet état elle ne trouverait jamais à se remarier.

« C'est en voulant saisir mon couteau qu'elle s'est

blessée à la main droite. Je n'avais pas l'intention de lui faire d'autres blessures, puisque ma vengeance était accomplie. Ce qui m'a exaspéré, c'est qu'elle n'a ni crié, ni pleuré, ni supplié ; elle avait l'air de me braver.

« Je l'ai ensuite relevée pour la mener au douar Zeurg, qui était voisin du gourbi ou nous nous trouvions, mais en route elle s'est évanouie. Je suis alors allé seul. J'ai raconté à mon beau-frère ce qui venait de se passer. Le chef du douar et la djemâa se transportèrent auprès de ma femme et la conduisirent chez sa mère. Quant à moi, j'attendis jusqu'à ce que le caïd vint m'arrêter.

« Si j'avais voulu tuer ma femme, je l'aurais égorgée du premier coup. Je le répète, j'ai voulu seulement la punir en la mettant dans l'impossibilité de trouver désormais un mari ou un amant. Pour cela il fallait qu'elle ne pût plus travailler et qu'elle fût défigurée, car elle était jolie. »

Après l'interrogatoire de l'accusé, l'audition des témoins.

Le premier introduit est la victime, la jeune Fathma. Elle est voilée comme toutes les femmes indigènes. Le président lui fait dire par l'interprète de montrer ses blessures. Elle découvre son bras gauche qui n'est plus qu'un moignon encore emmailloté de linge, sa main droite où manquent deux doigts, et enfin sa figure qui présente un large trou à la place du nez.

Tout le conseil et l'auditoire sont émus et éprouvent un sentiment de répulsion à la vue de cette enfant, victime de la vengeance d'un sauvage.

Fathma dépose ainsi :

« Depuis longtemps mon mari me faisait des scènes de jalousie. Le 4 juillet, contrairement à son habitude, il eut pour moi de douces paroles et m'engagea à aller laver de la laine avec lui.

« Arrivés près du ruisseau, nous nous reposâmes quelques instants dans un gourbi. Taïeb se conduisit d'abord avec moi comme s'il eût voulu prendre ses droits d'époux, puis il m'attacha les mains et les pieds.

« Je criais au secours, je le suppliais de ne pas me tuer.

« Il me coupa le nez, la main gauche, deux doigts de la main droite, et prit la fuite.

« Malgré mes blessures, je me levai, ramassai ma main, la mis dans mon mouchoir et marchai dans la direction du douar Zeurg. Je vis bientôt paraître la djemâa et le chef du douar. Ils me conduisirent chez ma mère. »

Le président demande à Fathma s'il est vrai qu'elle ait eu des relations avec Bel-Aïd. Elle soutient énergiquement qu'elle a toujours été fidèle à son mari.

Huit autres témoins sont entendus et confirment l'accusation portée contre Taïeb.

Mais la fidélité de Fathma paraît moins sincère qu'elle ne le prétend. Malgré la répugnance des Arabes à raconter les affaires qui touchent à l'infidélité de leurs femmes, deux témoins déposent de certains bruits qui ont couru dans le douar sur la légèreté de sa conduite.

Le réquisitoire du commissaire impérial et le plaidoyer du défenseur entendus, le conseil admet en faveur de Taïeb le bénéfice des circonstances atténuantes, et le condamne à cinq ans de réclusion.

Du reste, je me propose de feuilleter, quelque jour, les archives judiciaires de l'Algérie, et d'en extraire, à votre intention, les causes qui me paraîtront devoir se prêter le mieux aux combinaisons du roman.

Vous n'aurez alors que l'embarras du choix entre les scènes les plus dramatiques et les épisodes les plus bouffons qu'on puisse imaginer. Le tout brillamment rehaussé de couleur locale : palmiers, chameaux, caïds, haïks, sidi, lella, gourbis et burnous à souhait.

XII

LE COLLÉGE ARABE

D'autres fois, je vais au collége arabe.

Un des spectacles les plus intéressants pour l'observateur, comme un des faits les plus importants pour l'avenir de la colonie, c'est sans contredit, le progrès silencieux mais rapide, et le résultat déjà considérable obtenu par l'éducation franco-musulmane. Lorsque, au sauvage fanatisme de cet adoles-

cent des Beni-Raten qui, fait prisonnier pendant la
dernière campagne de Kabylie, refusa de manger, et
cracha sur la viande qu'on lui présentait, on com-
pare la douceur et la courtoisie de nos jeunes étudiants indigènes, on ne peut trop regretter que
l'établissement qui les forme si bien ne compte pas
déjà, au lieu de cinq ou six ans, vingt ans de durée.
Que de questions encore pendantes en Algérie seraient
maintenant résolues, que de pénibles tâtonnements
évités, que d'améliorations réalisées ! Car il faut bien
le reconnaître, c'est moins à l'action de la presse,
aux efforts de la diplomatie et à l'exemple de nos
armées expéditionnaires, qu'à l'influence personnelle
de quelques jeunes Orientaux élevés dans nos lycées
de France, que nous devons l'aurore de civilisation
dont commencent enfin à s'éclairer les rives du Nil
et du Bosphore.

Reçu d'abord poliment, en qualité de visiteur, je
le fus bientôt avec cordialité, comme un intime ami.
Et maintenant, à peine ai-je franchi le seuil de l'hospitalière maison, dont la façade resplendit avec ses
balustres de pierre et son enseigne en lettres d'or
devant la statue du maréchal Bugeaud, que cent
visages me sourient, que cent mains se disputent
la mienne.

Le premier directeur, le vénérable M. Perron, ne
saurait être oublié dans un éloge du collége arabe.
Il eut à lutter contre les difficultés inhérentes à
tout commencement. Sa tâche était des plus ingrates.
Pouvait-on s'en acquitter mieux qu'il ne fit ?

Son successeur, M. Cherbonneau, ancien professeur d'arabe à Constantine, et membre du comité,
impérial des sociétés savantes, est un archéologue
d'un mérite reconnu. Il a enrichi le trésor de nos
antiquités algériennes d'une quantité remarquable
de découvertes et de notices précieuses; plus de deux
mille, m'a-t-on dit.

Comme écrivain, sa valeur n'est pas moindre. On
lui doit, entre autres ouvrages, une traduction de
contes inédits des Mille et une Nuits qui, faite en
collaboration d'Édouard Thierry, administrateur de
la comédie française, est particulièrement estimée des
gens de lettres.

Mais c'est surtout à ses travaux philologiques, et
notamment au rare bonheur avec lequel il a su
rendre élémentaire l'étude si ardue de l'arabe, qu'il
doit sa position de directeur.

D'importants progrès, tant matériels que moraux,
ont déjà signalé son administration.

Les élèves sont tenus avec une propreté, avec un
luxe même, qui doit souvent leur rappeler, par oppo-
sition, la vie misérable des tribus. L'étude, autrefois
détestée, les amuse maintenant, grâce aux livres intéressants qu'on a mis entre leurs mains. Les récréations
enfin, au lieu de se passer tout entières en banales
causeries ou en oisiveté dissolvante, sont remplies par
quelques uns de ces jeux français, loto, tonneau,
dames, échecs, dominos, dont le double résultat est
de reposer et de développer à la fois les facultés de
l'intelligence.

Il n'y a dans l'établissement qu'un seul fonctionnaire indigène, le vénérable imam Si Hassan, chargé de l'éducation religieuse.

Le service médical est confié au savant et habile docteur Vincent, médecin major de première classe à l'hôpital militaire du Dey.

Les maîtres, tous français, sont des jeunes gens instruits, sérieux, aimables. Mais comment les louerai-je mieux qu'en faisant l'éloge de leurs élèves !

On en compte à peu près cent. Leur uniforme est des plus gracieux. Ils portent, sur le front rasé, la petite chachia rouge avec le long flot de soie bleue tombant sur les épaules. Aux jambes, des bas blancs; aux pieds, des souliers découverts. La culotte à mille plis, descendant jusqu'au mollet comme celle de nos zouaves, est en drap bleu barbeau, ainsi que le gilet. Une ceinture en laine rouge leur serre la taille. Mais la plus éclatante pièce de leur ajustement, c'est une veste de drap fin, couleur amarante, soutachée de ganses violettes et rehaussée par quelques agréments en filigrane d'or, dont les uns bordent l'ouverture des manches depuis le poignet jusqu'au coude, et dont les autres dessinent, à chaque extrémité du collet, l'étoile symbolique entourée d'un croissant.

S'ils se ressemblent tous de loin, de près rien de plus dissemblable. Autant de têtes, autant de types : ceux-ci bistrés comme des Indiens, ceux-là jaunes comme des Chinois, quelques-uns roses comme des Anglais.

Ils ont en outre presque tous des marques de tatouage : une croix au milieu du front, de petites raies sur la joue, des arabesques sur les mains.

Il y a des Kabyles, des Maures, des Arabes, des Coulouglis.

Les uns ont l'humeur enjouée des Français, les autres l'habitude réfléchie des Orientaux.

Néanmoins, pour me recevoir, ils montrent tous le même empressement. Taillé-je mon crayon, c'est à qui s'offrira pour modèle ; proposé-je de causer, les interlocuteurs d'accourir.

En général, ils ignorent leur âge. Un élève auquel je demandais le sien, répondit : Je ne peux pas savoir, mon père est mort.

Quelques-uns, bien que très jeunes encore, sont fiancés, ou même déjà mariés.

S'ils se plaignent par instants de la vie dépendante et claustrale à laquelle on les assujétit, c'est, m'a-t-il semblé, plutôt par genre que par aversion. Quel écolier n'a maudit son école ! Ils patientent d'ailleurs en songeant aux bonnes places de caïd, d'imam, d'adel, d'agha, de bachagha, que leur vaudra bientôt leur docilité.

A les voir si polis, si complaisants, si respectueux, à les entendre parler français d'un ton de voix si doux et d'un accent si pur, on les prendrait pour des compatriotes et non pour les enfants de ces horrifiques Bédouins qui, durant près de trente années, tinrent nos armes en échec.

Il se trouve, parmi eux, des petits chérifs, des petits marabouts, qu'à leurs bonnes façons on croirait échappés de nos hôtels du faubourg Saint-Germain.

Mohammed-ben-Ali a pour père un des chefs kabyles qui luttèrent le plus opiniâtrément contre nous. Pris pour ôtage à la fin des hostilités, il suivit en France et en Italie le général Renault, son protecteur. Il a chassé le lièvre à Bougival, et battu l'Autrichien à Solferino. C'est aujourd'hui un charmant jeune homme. Il n'a conservé du Kabyle que le profil accentué. D'esprit et de cœur il est Parisien. Dans deux ans il quittera le collége pour entrer à l'école de Saumur.

Abdallah est fils du fellah Meçaoud. Un trait vous suffira pour l'apprécier. Il me présenta, le jour de ma fête, un compliment que je pourrais qualifier de fusioniste, tant le double génie chrétien et musulman s'y mariaient avec adresse. Texte et traduction en regard. Les déliés mignons de l'écriture anglaise accolés aux riches broderies de la calligraphie arabe. Les hyperboles du style oriental auprès des termes plus mesurés de l'épistolaire française :

« Louanges à Dieu unique ; son empire est éternel. A celui qui lira le présent écrit, celui dont le nom est pur, le cœur bienfaisant, la puissance élevée, qui possède la science et les belles lettres, notre ami, l'être qui nous est le plus cher, que le salut de Dieu soit sur lui ! Fraîcheur de nos yeux, je me suis réjoui d'apprendre que ce jour était celui de votre fête, et je m'empresse de vous écrire cette lettre pour attirer sur vous les bénédictions du ciel... »

Au dîner que, le soir, j'offris, suivant l'usage,

mon jeune convive en burnous se montra beaucoup
mieux appris que nombre d'habits noirs de ma connaissance.

Une soixantaine d'enfants européens suivent en
qualité d'externes les cours du collège arabe. Ils
prennent leur récréation avec les indigènes, et la
meilleure camaraderie semble présider aux jeux de
ce petit monde disparate. Abd-el-Kader ben Couscoussou reprend au bond la balle d'Auguste Prud-
homme; Jean Mercadet souffle à Caddour ben Ali sa
leçon. Bien mieux, des invitations se font de Kabyle
à Champenois et de Normand à Boghari pour l'époque
des vacances; et la réception dans l'appartement de
ville répond à l'hospitalité sous la tente du douar.
Formée sur les bancs du collège, l'amitié se poursuit
sous les palmiers d'une oasis et s'achèvera quelque
jour dans un salon de France.

Je suis de tous les galas, de toutes les diffas, de
toutes les parties de plaisir.

Les grands manient déjà fort bien le fusil; on les
exerce devant moi.

C'est la fête du directeur; on m'invite au repas, à
la cantate, au feu d'artifice.

Doit-on passer une journée à la campagne? une
place m'est réservée dans la voiture aux provisions.
C'est ainsi que j'ai fait connaissance avec le joli vallon d'Hydra. Quelle scène enchanteresse! Végétation
splendide, caroubiers touffus, peupliers géants, pins
en forme de parasol. Aqueduc ancien, festonné de
lianes. Pentes émaillées de fleurs. Et sur le tapis vert

d'un pré, dans l'ombre tamisée des arbres, à deux pas d'un vieux café maure, nos gentils écoliers avec leur costume éclatant, leur gaieté bruyante et leur appétit de quinze ans, couchés par groupes de dix à douze autour d'un dîner de cantine.

Chaque année, à l'occasion de l'Aïd-el-Kébir, le directeur de la medersa d'Alger, Si Hassan ben Brihmât, réunit chez lui pour les festoyer, tous les élèves du collége.

L'honorable chérif n'attendit même pas que j'eusse manifesté le désir d'assister à cette solennité, pour m'envoyer une invitation formelle; et, comble de faveur, le matin du grand jour, je voyais entrer chez moi un petit Maure de neuf à dix ans, doux et joli comme le sont tous les enfants arabes de cet âge. Un seroual de calicot blanc, un gilet de drap lilas tendre, une ceinture en soie rose et des sbabeth vernis composaient son costume. Il me dit qu'il était fils de Si Brihmât, et qu'il venait pour m'emmener à l'habitation de son père.

Je pris, sous sa direction, les rampes tortueuses de la vieille cité barbaresque. Nous gravîmes notamment deux ou trois rues que l'édilité moderne a complètement épargnées, et qui montrent encore, dans tout leur mystérieux caractère, les clôtures sans fenêtres, les murs surplombants, les étages en surjet et les kheroudjis en tambour de l'architecture mauresque.

Après quelques zigzags réellement fantastiques, nous aperçûmes une porte entrebâillée, devant la-

quelle se tenaient, debout et l'œil au guet, comme
des gens qui veulent honorer un visiteur attendu,
les domestiques et les enfants de la maison.

C'était là.

Je fus effectivement accueilli par de telles dé-
monstrations, qu'à part le lieu de la scène et le
costume des personnages, j'aurais pu supposer que
je rentrais dans ma chère famille après dix ans
d'absence. Les serviteurs m'accablèrent de politesses,
et les deux plus jeunes enfants du maître, beaux
comme des amours et parés comme des idoles, se je-
tèrent dans mes bras, tandis que mon petit guide,
s'élançant dans l'intérieur, y porta la nouvelle de
mon arrivée.

Deux secondes à peine suffirent pour son message.
Il ressortit bientôt, toujours courant, toujours radieux,
et me pria de monter avec lui l'escalier d'une de ces
maisons mauresques, assez nombreuses encore à Alger
et trop souvent décrites déjà, pour que j'en veuille
analyser ici les arcs ogivaux, les colonnes torses et
les galeries circulaires.

Le digne thaleb m'attendait au premier étage. C'est
un homme d'environ quarante ans, d'une belle tenue,
d'un visage superbe, et dont les traits respirent à
la fois la noblesse et la douceur. A la majesté de
ses poses, à l'arrangement de son burnous, au chapelet de corail noir qu'il égrenait d'un doigt distrait,
l'illusion était complète : il me semblait voir l'émir
Abd-el-Kader lorsque, subjugué définitivement par la
magnanimité de l'Empereur, il vint lui offrir à Paris

l'hommage suprême de son prestige politique et de
son ascendant religieux.

M. Brihmât s'avança vers moi d'un air affable, me
serra cordialement les mains, m'adressa quelques
compliments, et me fit asseoir sur le divan qui s'é-
levait, comme un trône, à quelques centimètres au-
dessus des coussins et des tapis du principal salon.

Ce titre de monsieur, remplaçant le sidi classique
des noms arabes semblera peut-être bizarre au lecteur étranger; mais les Algériens n'en sentent plus
aucunement l'anomalie, tant celui qui le porte l'a
bien mérité par son esprit foncièrement français et
son dévouement éprouvé à la cause de la civilisation.

Huit ou dix conviés autochthones étant arrivés sur
ces entrefaites, il s'excusa de me laisser seul, et se
porta vers eux. J'en profitai pour examiner la pièce
où je me trouvais. Un lit doré, du goût le plus
étrange, en occupait une des profondeurs. Dans
l'autre se trouvait, lui faisant vis-à-vis, une bibliothèque de style indigène, avec panneaux olive à com-
partiments bariolés de chrôme et de vermillon. Les
murs étaient ornés d'étagères arabes et de tableaux
religieux, parmi lesquels brillaient dans leur cadre,
à la meilleure place, une vue de la Mecque, un plan
de Médine, et des mains ouvertes dont les doigts, au
lieu de hachures et d'ombres, contenaient des chefs-
d'œuvre calligraphiques inspirés, sans nul doute, par
le Coran.

Je fus présenté aux nouveaux venus dans des termes que ma modestie eût vraisemblablement recusés, si j'avais pu les entendre, car je me vis soudain comme adoré par ces farouches Berbères dont le regard auparavant ne semblait rien moins que sympathique. Ils se saisirent avec transport de la main que je leur tendis, et ne la lâchèrent que pour aller baiser les livres du savant dont on voyait, à défaut de reliures dorées, les dos archaïques et les tranches séculaires à travers les vitraux de la bibliothèque.

Bientôt cependant commencèrent à poindre, au débouché de l'escalier, les quatre-vingt-dix élèves du collège, entrant deux à deux, sous la surveillance de leurs maîtres. Ils eurent, en un clin-d'œil, envahi toute la galerie. L'amphitryon marcha vers eux et les accueillit d'une façon vraiment touchante, se baissant et se multipliant pour suffire à ces jeunes fronts qui sollicitaient la grâce de son baiser paternel.

Je vous ai déjà décrit l'élégant uniforme des écoliers de la rue d'Isly. Disposez tous ces gracieux petits personnages en vingt attitudes diverses, avec leurs fronts rasés de frais, leurs teints bronzés, leurs regards éveillés, leurs dents brillant comme l'ivoire entre leurs lèvres souriantes ; jetez au milieu d'eux quelques Bédouins aux jambes nues, aux haïks grossiers, aux longs burnous de laine, image de la barbarie ; quelques maîtres français en habit noir, en bottes vernies, emblème de la civilisation ; campez, sur le premier plan, notre chérif, servant comme de trait d'union, distribuant à tous, avec impartialité, les témoignages affectueux de son hospitalité patriarcale; éclairez enfin cette scéne des splendides rayons du soleil africain tombant à flots dorés d'un ciel bleu comme le saphir, et vous conviendrez que nulle prise de smalah, nul assaut de Laghouat, nulle danse d'Aïssaoua, ne saurait rivaliser pour l'effet, avec ce suave tableau de paix, de fête et de bonheur.

Leurs salamaleks terminés, les élèves se rangèrent le long de la balustrade, et l'un des plus marquants de la première classe, déroulant un écrit magnifiquement encadré d'arabesques et d'attributs islamiques, lut un compliment dont je pus suivre le débit sur une traduction française, exprès stylée pour moi par la meilleure plume du collége.

Ce morceau exprimait, en si bons termes, des sentiments remplis de tant d'amour et d'une telle gratitude pour Allah, Napoléon III et M. Brihmât, que le professeur ému jusqu'aux larmes n'y put répondre que par de nouveaux embrassements.

Après quoi, les écoliers rompant les rangs, ôtèrent, suivant la politesse africaine, leurs quatre-vingt-dix paires de souliers et pénétrèrent dans les salles destinées à les recevoir.

L'apparition du directeur ayant complété le nombre des invités, les domestiques procédèrent au service de la diffa.

Une table, ou mieux un plateau, fut d'abord apporté pour les convives d'âge. Ils eurent quelque peine à s'y mettre à la turque, mais enfin, une demi-violence aidant, les plus raides en vinrent à bout.

Loin de moi la prétention d'essayer ici la description, déjà tant de fois faite et si souvent réussie, d'un repas oriental. Encore moins voudrai-je le juger. Celui de ce jour eût-il été cent fois moins bon, que je l'aurais trouvé délicieux, vu d'abord un peu l'étrangeté des plats, et vu surtout la grâce toute particulière avec laquelle les honneurs nous en furent faits.

Je ne vous parlerai donc ni du pilau de riz à la cannelle, ni des tranches de mouton bouilli, ni des volailles au piment; mais je ne puis résister au désir d'illustrer la meilleure pièce du festin, un couscoussou magistral. Sur le vaste lit d'une pâte fine et grenue comme la semoule, s'arrondissaient en couronne des quartiers de poulet, au milieu desquels s'étendait un sable appétissant de gros pois et d'amandes. Quelques jattes de lait furent posées autour, et prêtèrent l'onctueuse humidité de leur crème à ce mets naturellement un peu sec.

Une haute pyramide de galettes au miel, d'un goût vraiment parfait, termina cette première édition de la diffa. Nous nous levâmes pour faire place à la seconde, que suivit, sans désemparer, une troisième, immédiatement continuée par une quatrième, à laquelle une cinquième empressée servit de clôture.

Notre rôle actif s'acheva par le lavage des mains sous le bec jaillissant de l'aiguière, et par la sensuelle absorption d'une petite tasse de café, trouble à la vue, mais excellent au goût. De pipe et de cigare, il n'en fut pas plus question que de vin, les tolba s'interdisant de fumer.

Objets de spectacle d'abord, nous devenions spectateurs à notre tour, et j'avouerai que, pour ma part, j'y pris un énorme plaisir. Il était vraiment curieux de démêler à leur geste, à leur physionomie, ceux des élèves qui, faits depuis quelque temps à l'ordinaire français du collége, ne voyaient déjà plus dans le régime arabe, avec son brouet noir, ses épices outrées, son gobelet commun, sa fourchette d'Adam et ses cuillères de bois, qu'une réminiscence historique ; et ceux qui, nouveaux venus des gourbis et réfractaires encore à la subtilité de nos usages, se retrempaient avec bonheur dans les habitudes chéries de leur enfance. L'amphitryon possédait en outre si bien l'art d'amuser à la fois tout le monde, et les convives hors de tour me tenaient compagnie si bonne, que le temps passa comme un rêve heureux.

La cinquième et dernière édition de la diffa terminée, chacun se leva pour sortir.

Les parents, d'ailleurs, rassemblés dans la rue, attendaient leurs enfants avec impatience ; et ceux-ci, malgré toute la joie dont ils semblaient remplis, ne devaient pas moins désirer de prendre possession des trois jours de congé que leur vaut l'Aïd-el-Kébir.

Les embrassades et les salamaleks de l'arrivée recommencèrent de plus belle, avec addition d'une cérémonie particulière à cette solennité religieuse. L'aîné des fils de la maison, grand jeune homme de dix-neuf à vingt ans, déjà fort avancé dans nos emplois civils, s'étant armé d'un élégant flacon tout rempli d'eau de rose, le secouait sur le front des invités à mesure qu'ils franchissaient le seuil, et chacun de retenir et d'étendre avec la main, la fine pluie par tout son visage.

Quand fut venu, pour ses convives français, le moment de prendre congé, M. Brihmât s'empara du flacon et voulut, suprême courtoisie, les asperger lui-même. Mais au lieu de leur jeter, suivant le rituel adopté, le liquide odorant à la face, il le secoua délicatement sur leurs doigts.

C'est donc les mains pleines de parfums, et le cœur pénétré de reconnaissance, que nous quittâmes cette maison hospitalière.

Et maintenant, après les cordiaux embrassements de ces agapes fraternelles, ne le croyez-vous pas comme moi, cher monsieur, si jamais, pour le malheur de l'Algérie, un nouveau Bou-Maza, un autre Bou-Baghla, devait relever l'étendard de l'insurrection, il ne pourrait sortir que de la tente éloignée d'un douar, ou des profondeurs du désert, et nous aurions pour nous, dans nos rangs, à toujours et à toute épreuve, nos enfants d'adoption, les élèves du collège arabe.

XIII

LA BIBLIOTHÈQUE

Je rentre ordinairement vers deux heures, pour me reposer. Si courte qu'elle soit, la sieste est presque indispensable dans les pays chauds. On s'en relève le corps plus léger, l'esprit plus inventif; et le travail auquel on se livre, dessin ou lecture, en profite.

Vous savez combien j'ai toujours aimé bouquiner,

compulser, compiler. J'ai mes tiroirs remplis de notes, d'analyses, enfin de quoi composer vingt volumes. Accoucherai-je jamais d'un seul? N'importe; plus je vais, plus je lis, plus j'abats, plus j'entasse d'extraits. Et pourquoi pas? L'avare, à grossir son trésor, éprouve plus de joie que s'il le dépensait. La soif des connaissances n'est pas moins insatiable que celle de l'or, et, quant à moi, si vif que soit mon désir d'augmenter mon œuvre, il me semble toujours dérober à l'étude le temps que je donne à la rédaction.

Vous comprendrez sans peine, après cela, que la bibliothèque d'Alger compte peu d'habitués plus assidus que moi. L'été surtout, quand la chaleur fait redouter la promenade, j'y vais journellement passer deux ou trois heures.

Elle est située à deux pas de chez moi, dans la rue de l'État-Major, entre tous ces palais, hôtels du gouverneur et du sous-gouverneur, cour impériale, intendance, évêché, qui, jadis occupés par les grands seigneurs musulmans, formaient le beau quartier d'El-Djezaïr, son Westminster, sa Chaussée d'Antin.

Ancienne résidence de Mustapha-Pacha petit-fils d'Hussein-Dey, la bibliothèque ne se distingue extérieurement que par une porte un peu plus haute et plus ornée que celles des habitations ordinaires. Mais il suffit de jeter un coup d'œil dans le vestibule pour concevoir du reste une idée plus avantageuse.

Ce vestibule, auquel le nom de galerie siérait mieux, tant les proportions en sont vastes, et l'architecture élégante, est garni dans tout son pourtour d'une banquette en marbre blanc, au-dessus de laquelle s'étend une série d'arcades évasées en forme de trapèze, et soutenues à leur naissance par des colonnes accouplées.

Des détails d'un excellent goût ornent ce péristyle. Les arcades sont cannelées, les colonnes tordues en forme de spirale, les chapiteaux enlacés de guirlandes, et les murs revêtus de carreaux émaillés dont les vagues dessins reposent l'œil par leur doux coloris.

Une ombre intense, qu'épaissit encore le contraste violent du soleil laissé dans la rue, baigne aux trois quarts ce vestibule; mais il est éclairé tout au bout par une échappée de lumière qui, tombant en faisceau d'un intervalle ménagé dans la voûte, produit un effet dioramique d'autant plus saisissant qu'il est presque toujours animé par la présence d'un groupe indigène.

Là, se tient en effet, magistralement accroupi, le portier; non pas un de ces gardiens hargneux, à redingote noire ou tablier sordide que, sous le nom pompeux de concierge, les propriétaires parisiens imposent à leurs locataires; moins encore un de ces tyrans subalternes, à tricorne et à frac galonné, qui, sous le pseudonyme d'huissier, trônent au seuil de la plupart des établissements publics; mais un vieux Mograbin, aussi débonnaire que pittoresque.

Quel touriste ne l'a décrit dans ses impressions de voyage! Quel artiste ne l'a croqué, de souvenir, sinon d'après nature! Avec sa tête énorme, so gros nez,

ses lèvres épaisses; avec son grand turban, sa grande
barbe et ses grandes lunettes, il réalise ce que les
Delacroix, les Decamps, les Vernet, ont imaginé de
plus grotesque et de plus coloré en fait de types
musulmans.

Entrez, l'air affairé, des livres sous le bras, il vous
jette au passage un de ces regards complaisants que
mérite, dans son esprit, votre rang présumé de thaleb. Saluez-le du sourire ou du geste, il s'empresse
de vous répondre en posant la main sur son cœur.
Demandez-lui enfin, naïf étranger, candide roumi,
pour qui rien n'a de valeur sans cicerone ni pour-
boire, à visiter l'établissement, il se lève aussitôt et
vous conduit solennellement dans la salle de lecture
ouverte à tout le monde.

Après quoi, toujours satisfait, il revient siéger dans
son vestibule, où plusieurs coréligionnaires, non moins
caractérisés, lui tiennent ordinairement compagnie,
devisant à voix basse, humant le café, jouant aux
échecs, fumant le chibouk, au pied du fondateur de
la bibliothèque (le maréchal Clauzel) qui, sous les
espèces d'un buste en plâtre bronzé, les contemple.

Mais vous êtes avec moi, cher monsieur; nul besoin
de cicerone. Nourri dans ce palais, j'en connais les
détours. Laissons le portier sur sa natte, et franchis-
sons le seuil de cette porte au chambranle de marbre
où sont sculptés, suivant la mode orientale, des ro-
saces et des croissants.

Un second vestibule, décoré comme le premier,
mais infiniment plus petit, conduit dans la cour ou

salon à ciel nu, qui forme le milieu de toutes les habitations mauresques.

Ici, plus rien d'obscur ni de crépusculaire, mais un jour éclatant, chamarré de reflets, embrasé de rayons. L'ombre éblouit et le soleil aveugle.

Jugez l'effet du marbre blanc, du plâtre et du stuc blancs, sous ces flots de lumière ! Ce qui, moins éclairé, n'eût paru simplement que beau, devient ici superbe, magnifique.

Pour ma part, je n'aborde jamais cet asile de paix, de science et de clarté, sans éprouver le sentiment religieux qu'inspire la vue d'une église illuminée pour une fête.

Au milieu de la cour pavée de marbre blanc, s'élève une fontaine arabe, avec ses deux bassins, l'un octogne, l'autre circulaire, constamment arrosés d'une eau fraîche et limpide.

Les colonnes, les chapiteaux, les arcades des galeries, sont du meilleur dessin, de l'ornementation la plus pure, et se profilent élégamment sur les murs aux lambris de faïence, aux solives de cèdre, aux portes ogivales.

Plusieurs statues, rangées sous les arcades mêmes, semblent venir à nous, comme les hôtes empressés de cette artistique demeure.

Politesse pour politesse ; rendons-leur visite d'abord.

Un Neptune colossal, aux cheveux olympiens, aux muscles athlétiques, marche gravement à leur tête. Il présente, de la main droite, le dauphin sympolique, attribut de sa profession. Le côté gauche a disparu, jambe, bras et trident.

Derrière lui vient, sur ses deux fémurs coupés à la naissance du genou, le torse de quelque Vénus, type étoffé, plantureux, sensuel, une des plus belles trouvailles que l'Algérie ait fournies en ce genre.

A sa droite, se tient debout une jeune fille dont les draperies forment le principal mérite. Elle a pour pendant un petit Bacchus parfaitement conservé.

Le cinquième et dernier sujet de cette espèce d'avant-garde est un hermaphrodite aux prises avec un petit faune. La grâce et la vigueur se marient admirablement dans ce morceau, que nous envieraient les premiers musées de l'Europe, sans les mutilations nombreuses dont le vandalisme, plus que le temps sans doute, l'a rendu victime.

Le conservateur de la bibliothèque, M. Berbrugger, a fait, avec l'érudition et la clarté qui distinguent tous ses écrits, un petit catalogue des antiquités confiées à ses soins. Gardons-nous bien de l'oublier alors qu'il s'agira d'explorer en détail les inscriptions votives, les pierres tumulaires, les mosaïques, les bas-reliefs, les sarcophages, les amphores, rangés avec art et méthode dans les longues salles du rez-de-chaussée.

Pour aujourd'hui, contentons-nous de jeter un coup d'œil rapide sur toutes ces richesses, et gravissons l'élégant escalier qui conduit au premier étage.

La galerie du bas s'y trouve identiquement reproduite : même style, ornements pareils. Une balustrade de bois, très délicatement ouvragée, lui sert de parapet du côté de la cour.

Des écriteaux placés à la porte de chaque salle en indiquent la destination : cabinet du conservateur, dépôt d'imprimés, cours d'arabe, salle de lecture.

Un excellent professeur, M. Bresnier, fait, depuis plus de vingt-cinq ans, le cours d'arabe, auquel l'administration et l'armée doivent déjà de nombreux interprètes.

La salle de lecture est ouverte, jeudis exceptés, tous les jours de la semaine, depuis midi jusqu'à cinq heures. C'est une espèce de corridor dont les fenêtres basses et grillées ne laissent filtrer, de la lumière étincelante qui baigne cour et galeries, qu'un demi-jour discret, très propice à l'étude.

Quelques centaines de volumes, rangés dans les enfoncements des murs et sur le tapis vert des tables, demeurent constamment à la disposition du public. Ce sont, ici, des dictionnaires, des revues, des encyclopédies, la collection des journaux algériens. Ce sont, là, des brochures, des catalogues, des manuels, et maints ouvrages dont les feuillets, vierges encore du couteau d'ivoire, accusent, non moins que le titre ou la date, la fraîcheur et la nouveauté. Méthode à citer pour exemple à ces bibliothécaires avares qui ne semblent jamais si pressés que d'envoyer les livres fraîchement déballés au relieur, et de les enfouir, tout de suite après, au plus profond de leurs armoires, véritables oubliettes où nul ne s'avisera probablement de les aller chercher désormais.

La bibliothèque d'Alger, riche d'environ douze mille volumes, voit chaque jour accroître ses trésors. Il lui faudra, sans doute, avec son modeste budget, bien des années encore avant d'atteindre la hauteur de ces grands établissements dont s'énorgueillissent, non sans raison, la plupart des villes de France. Mais elle peut dès aujourd'hui vanter, comme vraiment incomparable, sa collection d'ouvrages algériens.

Là, se trouve tout ce qui s'est publié de bon ou de mauvais sur notre colonie africaine, depuis l'unique numéro de l'*Estafette*, journal éclos à l'heure même du débarquement, sur la pointe de Sidi-Ferruch, jusqu'aux avalanches de brochures que ces dernières années ont vu naître... et mourir.

Si j'ai pu dépouiller, sans trop de lenteur, le roumi, et, dès les premiers mois, me faire tolérer par les colons de vieille roche, c'est à la rapide lecture de cette collection que j'en dois tout l'honneur.

Mais ne lui dois-je pas aussi quelques-uns des meilleurs instants que j'aie passés sur ce rivage?

La sensation matérielle n'entre guère que pour moitié dans le fait de nos jouissances. Elle demande, pour se compléter, l'explication, l'histoire, l'analyse. Or, à certaines organisations, dont les ressources morales dépassent les moyens physiques, la seconde moitié plaît souvent mieux que la première.

XIV

LES BAINS DE MER

A quatre heures, le bain. On peut sortir; le soleil n'est plus à craindre, et l'eau, chauffée depuis le matin, a gagné son maximum de température.

Dans le Nord, les bains de mer m'ont toujours semblé moins un amusement qu'un traitement médical. Excepté quelques jours, au plus fort de la canicule, on y grelotte, on s'y morfond, on y gèle. Si les hôtels somptueux, les casinos, le jeu, la mode enfin, ne s'en étaient mêlés, on ne verrait pas, j'en suis sûr, Dieppe, Étretat, Pornic, Royan, Biarritz et autres fameuses localités balnéaires, réunir la centième partie des baigneurs qui s'y disputent aujourd'hui la place. Et encore, à les observer de près, ces soi-disant baigneurs, sur cent, combien s'en mouille-t-il? Une douzaine tout au plus. Il faut effectivement qu'ils soient bien forts, ou bien malades, pour affronter une pareille épreuve.

En Espagne, en Italie, les bains froids méritent mieux le nom d'agrément, mais cet agrément dure peu; car, soit coutume, soit préjugé, on ne commence à se tremper dans l'eau qu'après la Saint-Pierre, c'est-à-dire le 30 juin, pour ensuite cesser brusquement au milieu d'août.

Ici, les bains de mer sont une volupté, et une longue volupté. On en prend pour son plaisir depuis les premiers jours de mai jusqu'aux derniers du mois d'octobre, et l'on peut très bien continuer tout l'hiver, si la santé l'exige.

J'ai débuté, sur les dadas de la vie, par l'amour de la natation. De quels cris de joie n'ai-je pas salué les premières brasses que je pus faire à l'école du pont d'Austerlitz! On y conduisait le lycée deux fois par semaine; et, malgré la fraîcheur souvent glaciale de l'eau, les jours de bain me plaisaient encore plus que les jours de sortie.

Un sentiment réfléchi se mêlait toutefois à ce goût affolé. Je me disais, qu'à maîtriser un élément aussi redoutable, on doublait son unité physique. L'homme qui sait quatre langues vaut quatre hommes. Que dire de celui qui, d'abord garanti lui-même du péril, peut en outre, à l'occasion, sauver son prochain d'une mort affreuse !

Chateaubriand, dans ses voyages, se donnait la satisfaction de boire à tous les fleuves, à tous les lacs, à tous les océans qu'il trouvait sur sa route. Au lieu de boire, j'ai nagé. La Seine, la Gironde, le Rhin, l'Elbe, le lac Majeur, la Manche et la mer d'Ionie le savent.

Malheureusement, bientôt vinrent des frissons, des raideurs, des symptômes inquiétants; force fut de leur opposer la prudence; et je supprimai les bains froids.

Un jour, en me promenant sur la plage de Mustapha, je vis un vieillard qui batifolait dans la mer, avec autant de quiétude que s'il se fût trouvé dans une baignoire de la Samaritaine. Je lui demandai comment, à son âge, il pouvait commettre une pareille imprudence.

Pour toute réponse, il courut à son paletot, prit dans la poche un thermomètre, et le plongea dans l'eau. Deux minutes après, il me le mettait sous les yeux. Jugez de ma surprise, le mercure y marquait trente degrés centigrades !

Oh bien ! me dis-je, à Luchon, les bains minéraux de piscine, si chers aux rhumatisants, n'ont que vingt-huit degrés, et je me défierais d'une mer plus chaude et plus minéralisée qu'eux !

Le lendemain, je me rendis au seul établissement que possède Alger. Il est adossé contre les rochers qui bordent l'esplanade Bab-el-Oued. Un archipel d'écueils y forme des bassins dont la profondeur varie. C'est aux nageurs de choisir, suivant leur talent, suivant leur courage.

Le thermomètre du vieillard avait dit vrai. Telle était la douceur de l'eau que, suivant la grotesque comparaison d'Autran, elle produisit sur moi l'effet d'un gilet de flanelle.

Mais l'endroit me déplut. Pas de soleil, peu d'espace, quelques précieux pour compagnie. Aussi, pris-je la résolution de me baigner désormais, comme je faisais naguère en voyage, n'importe où.

Or, de tous les lieux essayés, plage de Mustapha, rochers de Saint-Eugène, extrémité du môle, grève de Bab-el-Oued, c'est ce dernier que j'ai choisi. Dix minutes au plus suffisent pour s'y rendre, et les bell-lombras qui bordent l'esplanade abritent la moitié du chemin. Le sable y est d'une finesse extrême. L'inclinaison moyenne du terrain permet à la fois, aux novices de s'ébattre à distance sans perdre pied, aux habiles de se distinguer sans avoir à courir trop loin.

C'est, du reste, le rendez-vous préféré de la plupart des tritons algériens. Il y vient des compagnies de soldats, clairon et tambour en tête, des bandes d'écoliers, des nuées de gamins, dont quelques-uns ne comptent guère plus de trois à quatre ans. Nulle exception de rang, d'âge, de race, ni de sexe. Le ren-

tier plonge sous le Biskri, la juive barbote auprès de
l'étudiant.

Cette affluence donne à la plage autant de sécurité
que d'entrain. J'y rencontre toujours une douzaine
de connaissances. Et de lutter alors, de jouer et de
rire.

On choisit pour but un tronc d'arbre qui flotte,
une barque qui passe, et c'est à qui l'atteindra le
premier, à la brasse, à la coupe, en nageant sur le
dos.

On lance au loin un tesson de brique rouge ou de
marbre blanc, dont la couleur attire les yeux, et tous
ensemble on plonge à sa recherche.

La mer est-elle forte? on glisse sous les vagues,
on se laisse bercer par elles, on s'exerce dans l'art
périlleux du lancement et de l'abordage.

Et puis, revenu sur le sable, on fume, ou cause,
on regarde le paysage et les scènes variées qui l'a-
niment.

Enfin, si pour se rhabiller on n'a pas, comme dans
l'établissement, la jouissance d'un paillasson, d'une
cabine et d'un miroir, les piquants épisodes auxquels
donne lieu la difficulté d'atteindre à ses habits sans
se salir les pieds, les bons rapports qu'engendre le
prêt gracieux d'une corne ou d'un peigne, et pour
certains aussi, des motifs budgétaires, compensent
largement cette privation.

L'appétit ne saurait manquer après de pareils
exercices. On dévore. Et le corps garde jusqu'au
soir une fraîcheur dont on goûte d'autant mieux le

charme, que chacun semble prendre à tâche de vous le rappeler. Le commun des martyrs sue, fond, halète, s'essuie, s'évente autour de vous ; et, pour vous, heureux privilégié, l'air est sans pesanteur, le concert sans canards, la beauté sans défauts, le bonheur sans mélange.

C'est au sortir d'un de ces bains vivifiants que je vous écris. Il est sept heures. Le soleil vient de se coucher. Des milliers d'hirondelles voltigent dans l'air. Le ciel a les tons les plus fins de l'iris. La mer est unie comme une glace.

Encore une journée finie, belle, heureuse entre tant d'heureuses ! Il arrive vingt fois, entre le matin et le soir, que je m'arrête au milieu de ce que je fais pour me dire tout haut : « Quel bonheur ! qu'on est bien ici ! » Ceux qui vivent à Paris, dans leur élément de prédilection, entre la foule, le luxe et le bruit, doivent vraisemblablement trouver, dans un autre ordre de faits, des félicités suprêmes. Pourquoi donc cependant ne les ai-je jamais entendus remercier la providence ? Presque tous, au contraire, se plaignent. Paris ne serait-il qu'un immense préjugé ?

Au lieu d'imiter les Algériens, qui rentrent tous, une fois la musique finie, j'aime prolonger la soirée, comme on fait à Palerme, à Naples, à Venise, tantôt en devisant sous les palmiers de la Régence, tantôt en canotant dans le port avec quelques amis.

L'un d'eux prit une fois sa mandoline. Quant nous eûmes quitté le bord, il se mit à chanter. Sa voix était puissante et sympathique. L'accompagnement.

facile et doux, semblait un ramage d'oiseaux. La lune
brillait de son plus vif éclat. Le flot dormait. A l'horizon du midi se profilaient vaguement, sur un ciel
sans nuages, les contours vaporeux de la chaîne atlan-
tique. L'ouest avait pour décoration, la ville toute
blanche, avec ses lignes de façades, ses escaliers de
maisons indigènes, ses mosquées et ses minarets. Mille
feux scintillaient au flanc de ce vivant amphithéâtre.
Un pareil tableau ne s'oublie jamais.

XV

LE JOURNALISME

On peut, vous le voyez, passer ici l'été fort agréablement. Je ne vous ai cependant encore dit que les moins préférées de mes occupations, que les plus menus de mes bonheurs.

Vous connaissez ma singulière passion pour la publicité. Cette passion, si louable chez les écrivains de votre valeur, mon cher maître, est dit-on, des plus

condamnables chez un rapsodiste. Quelques amis, du
moins, ne se sont pas fait faute de me rappeler, en
mainte occasion, les peines dont les anciens punis-
saient les mauvais auteurs.

Est-il donc, après tout, beaucoup plus criminel de
faire imprimer ses sornettes que de les aller, de vive
voix, colporter en tout lieu, débiter à tout venant?
Vous savez de quelle façon Molière a traité les fâ-
cheux. Et dussiez-vous m'accuser d'être orfèvre, j'estime, pour ma part, beaucoup plus un méchant écrivain qu'un bavard médiocre. Celui-ci vous accoste,
vous poursuit, vous tourmente bon gré, mal gré, d'un
verbiage ordinairement aussi vide pour le fond, que
défectueux pour la forme. Combien, sur cent causeurs,
en compte-t-on d'aimables ? Celui-là ne vous impose
pas, ne vous offre même pas son livre ; il se con-
tente de le mettre en vue. Les idées en ont toujours
été plus ou moins mûries, le style châtié. Les détails
de la publication : mise au net du brouillon, lecture
du gérant, correction des épreuves, exigent de l'auteur, à défaut d'un travail plus sérieux, une certaine
attention. Le reste ensuite vous regarde. N'achetez,
ne lisez, ne feuilletez même pas l'intrus, libre à
vous.

Quoi qu'il en soit, péché capital ou véniel, j'ai pu
donner ici carrière à mon goût pour le griffonnage.
Outre le *Moniteur* particulièrement voué aux publi-
cations officielles et aux apologies de commande, il y
a deux journaux français paraissant plusieurs fois
par semaine : l'*Akhbar* qui le premier voulut bien

me décerner le titre envié de rédacteur, et le *Courrier de l'Algérie* dont la flatteuse hospitalité n'est pas le moins doux souvenir que je garderai de ma vie plumitive.

Il ne pouvait, vous comprenez bien, être question pour moi d'aborder ces articles de fonds, ces graves bulletins, qui tiennent le haut du pavé dans la composition d'un journal. Il faut, pour les traiter, un esprit positif, une instruction solide, et la grande expérience du monde. Ma vie privée, mes études sommaires, et mon imagination badine, me réléguaient forcément au feuilleton, aux variétés, voire même aux faits divers.

Laissant donc à de plus dignes le cantonnement des Arabes, la décentralisation, le droit de tonnage, le barrage des cours d'eau, le budget séparé, le lin, le tabac, le coton, et autres problèmes coloniaux, je me suis renfermé prudemment dans le genre moins ambitieux du compte-rendu, de l'anecdote et de la fantaisie. La pluie et le beau temps, les cérémonies religieuses, les solennités nationales, les distributions de prix, ont tour à tour défrayé mon humeur écrivassière. Je n'oserais pas trop demander au lecteur s'il a pris quelque plaisir à ces berquinades, mais pour moi, je m'y suis amusé l'impossible. On profite deux fois d'une chose à la raconter, vingt fois à la rédiger, cent fois à la faire imprimer.

Si le nom d'un journaliste parisien de quelque poids est connu dans le monde entier, sa personne, tout au contraire, demeure parfaitement ignorée même de ses voisins. Il n'y a d'exception que pour les très grands : les Dumas, les Janin, les Véron, les Gautier ; et encore faut-il que la charge s'en mêle.

Dans une petite ville, la notoriété de l'individu marche de pair avec la célébrité du nom. Il suffit d'avoir signé deux articles dans un journal, pour être aussi connu que monsieur le maire.

Cet éclat peut blesser la modestie d'un auteur, si jamais auteur fut modeste, mais il lui vaut en retour certains avantages.

Tranchez-vous du Juvénal ? on vous craint. Un trait de satire est sitôt lancé ! A la poste, on vous remet vos lettres avec plus d'exactitude ; à la police, on fait assaut de zèle pour vous venger de l'insolence des cochers ; vous êtes mieux servi au restaurant, mieux habillé chez le tailleur, mieux drogué par le médecin.

Professez-vous, au contraire, l'optimisme du docteur Pangloss ? On vous adore. L'éloge a tant de charme ! et vous en disposez. Il vous pleut des déclarations. Reste seul l'embarras du choix. Vous choisissez pourtant ; et je pourrais citer plus de trois Algériens dont la précieuse amitié ne m'a pas été autrement acquise.

Est-ce à vous, cher maître, qu'il faut apprendre les voluptés idéales que procure la composition d'un roman, d'un poème, d'une anecdote, de toute œuvre enfin où la fiction domine ? J'ai toujours un article en train dans la poche. Plutôt quatre crayons que deux. Toujours une douce préoccupation dans l'esprit :

plan qui se dessine, intrigue qui se noue, phrase qui s'arrondit. Suis-je à la promenade, au cercle, dans ma chambre? mon heureux petit monde me tient compagnie. L'autre, l'ennuyeux, disparaît avec ses boues, ses douleurs et ses monstres. Je regarde les passants, les mouches, le plafond, le bout de mes souliers, et je vois des anges, des paradis. Les plus riches palais sont à moi, les meilleurs amis, les plus belles femmes. Il est deux heures du matin, tout le monde est rentré, couché, dort, ronfle et fait des rêves plus ou moins saugrenus, que souvent je suis encore là, tout seul sur un banc de la place, fort mal assis, fort triste en apparence, mais planant en réalité dans les cercles élyséens de la pensée ravie.

Viennent ensuite les petits bonheurs de la publicité. Un élégant ne tressaille pas plus à voir son buste orné d'un palelot de Dussautoy, qu'un écrivain son style revêtu de caractères typographiques. Sur le brouillon, il était lourd; les pattes de mouches l'embarrassaient, les ratures l'obscurcissaient. Imprimé, c'est du Buffon, c'est du Voltaire, à l'œil, du moins.

Votre article paraît enfin. On le lit au salon, dans la boutique, au café, dans la rue, partout. Vous ne le voyez pas, mais vous le supposez. Et vous sentez comme une transfusion intellectuelle vous apparenter instantanément des milliers d'individus. Les inconnus que vous rencontrez ne vous semblent plus étrangers. Vous les salueriez, vous leur tendriez presque la main. N'ont-ils pas, à défaut de votre sang dans les veines, vos pensées dans l'esprit?

Un critique parfois vous jette bien la pierre ; c'est toujours un imbécile. La masse ne dit rien ; silence approbatif. Vos amis, s'ils ricanent tout bas, tout haut vous complimentent. Votre œuvre enfin s'est augmentée d'une pièce nouvelle qui, le jour venu des ressouvenirs, fera nombre charmant avec les poésies de collége, les lettres d'amour et les impressions de voyage.

Le journaliste amateur a, de plus, certains agréments qu'ignorent hélas ! la plupart de ses confrères. Il travaille à son heure, à son idée, pour son plaisir. Indépendant comme l'oiseau, il voltige de feuille en feuille. L'inspiration regimbe-t-elle, il flâne. Moins on s'entête et plus vite revient la veine. Il choisit librement les sujets qui l'inspirent. Aussi, les traite-t-il toujours, sinon avec le génie qui force les bravos, du moins avec l'amour qui concilie les cœurs.

Mais je m'oublie à vanter la douceur de travaux dont, vu leur mince résultat, je suis probablement le seul à jouir. Il est d'ailleurs temps de conclure.

Certes, à bien chercher, peut-être verrait-on quelque ombre s'ajouter aux lumières du tableau que je viens d'esquisser d'un été algérien. Tout le monde n'affectionne pas exclusivement la musique militaire, la natation, le soleil, la lune, la peinture et le journalisme Il est d'autres besoins. Or, on ne trouve ici, depuis la fin de mai, jusqu'aux premiers jours d'octobre, ni spectacles, ni concerts proprement dits. On n'a même pas la ressource de ces fêtes mauresques et de ces danses d'Aïssaoua qui, l'hiver, alimentent la curiosité des étrangers. L'éparpillement de la société rend les soirées presque impossibles. Un bal ferait événement. Si curieux qu'il semble d'abord, le vent du sud finit toujours par fatiguer. Je crois fermement que ceux qui sont malades à Alger, le seraient pareillement, et même beaucoup plus ailleurs ; mais il suffit que, vu la différence du climat, les indispositions soient autres, pour qu'on s'en effraie doublement.

Aussi, toute considération personnelle écartée, suis-je loin de prétendre que l'on doive venir à Alger pour le seul agrément d'y passer l'été. Je pourrais même désigner cent stations préférables, sur le bord des lacs de Suisse, aux villes d'eaux de France et d'Italie. Mais je me crois aussi en mesure de soutenir qu'on ne doit pas non plus fuir Alger uniquement pour ses chaleurs. En définitive, l'été d'Alger, favorable à quelques-uns, n'est redoutable pour personne.

Faut-il maintenant, cher monsieur, justifier la liberté grande que j'ai prise de vous écrire, comme on dit, à travers le public ? J'ai pensé que, présentées sous vos auspices, mes observations recevraient un meilleur accueil, et contribueraient plus efficacement à détruire les injustes préventions qui pèsent encore sur la belle patrie à laquelle chaque jour, même le plus brûlant, m'attache davantage.

FIN.

TABLE

www.ingramcontent.com/pod-product-compliance
Lightning Source LLC
Chambersburg PA
CBHW050020100426
42739CB00011B/2726